낯설어도 훈훈한
페르시아 실크로드를 가다

낯설어도 훈훈한
페르시아 실크로드를 가다

초판 1쇄   2018년 06월 25일

지은이   박하
발행인   김재홍
디자인   이슬기
교정·교열   김진섭
마케팅   이연실

발행처   도서출판 지식공감
등록번호   제396-2012-000018호
주소   경기도 고양시 일산동구 견달산로225번길 112
전화   02-3141-2700
팩스   02-322-3089
홈페이지   www.bookdaum.com

가격   12,000원
ISBN   979-11-5622-385-6 03910

CIP제어번호   CIP2018018620
이 도서의 국립중앙도서관 출판예정도서목록(CIP)은 서지정보유통지원시스템 홈페이지
(http://seoji.nl.go.kr)와 국가자료공동목록시스템(http://www.nl.go.kr/kolisnet)에서 이용하실
수 있습니다.

詩와 정원의 나라, 이란 견문록

Persia Silk Road

낯설어도 훈훈한
페르시아 실크로드를 가다

글|사진 박하

/ 페르시아 여행 노선도 /

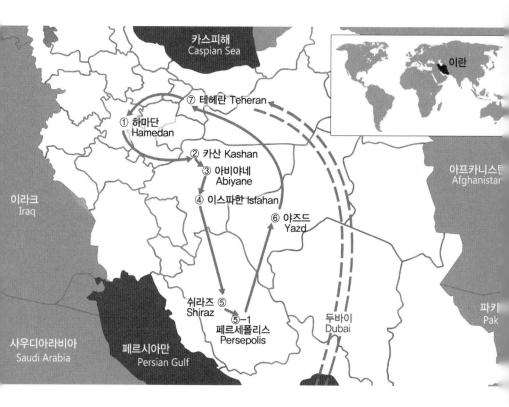

카스피해
Caspian Sea

이란

⑦ 테헤란 Teheran

① 하마단
Hamedan

② 카산 Kashan
③ 아비야네
Abiyane

④ 이스파한 Isfahan

⑥ 야즈드
Yazd

아프카니스탄
Afghanistan

이라크
Iraq

쉬라즈 ⑤
Shiraz

⑤-1
페르세폴리스
Persepolis

두바이
Dubai

파키
Pak

사우디아라비아
Saudi Arabia

페르시아만
Persian Gulf

/ 차례 /

프롤로그	페르시아, 낯설어도 훈훈한 땅 ● 6	
첫 번째 도시	하마단(Hamadan), 에스더 왕비 영묘(靈廟)에서 ● 21	
두 번째 도시	지상낙원 핀(Fin) 정원을 찾아가다 ● 41	
세 번째 도시	아비아네(Abyaneh), 살아있는 박물관 마을 ● 53	
네 번째 도시	이스파한, 잠들지 않는 영화(榮華) ● 69	
다섯 번째 도시	쉬라즈, 시(詩) 낭송에 취한 중년 사내 ● 101	
여섯 번째 도시	페르세폴리스는 알렉산더대왕의 금고였을까 ● 114	
일곱 번째 도시	야즈드(Yazd), 사막의 보석이 되다 ● 135	
여덟 번째 도시	테헤란, 페르시아의 영광을 꿈꾸는 도시 ● 159	

에필로그 ● 184

부록 #1 더 읽어볼 책, 이란 입문서들 ● 191

부록 #2 페르시아 주요연대기 ● 197

프 롤 로 그

페르시아, 낯설어도 훈훈한 땅

물이 고여 있으면 탁하고 더러워지지만, 흐를 때는 맑고 깨끗하다. 방
랑하는 사람의 영혼은 그래서 깨끗하다.

-어느 페르시아인

　여행은 영혼에 부는 산들바람이다. 편견의 눈(雪)을 녹이는 봄바람이
다. 여행은 그동안 소문으로 들었거나 책으로 봤던 것들, 그것들로 인해
시나브로 쌓인 편견의 더께를 일시에 부숴준다. 역지사지(易地思之), 입장
바꿔 생각하기는 뭐니 뭐니 해도 직접 그 상황에 처해보는 것이 제일! 책
이나 영화가 상상에 의지한 간접 체험이라면 여행은 오감으로 하는 직접
체험이니까 말이다. 이란은 필자가 오래 그리던 여행지였다. 그래서 편견
또한 많았다.

　지지난 여름(2016.7.) 열흘 동안 이란 여행을 다녀왔다. '아는 것이 힘'이

란 말도 있지만, 동시에 '잘못 아는 건 병(識字憂患)'이란 말도 있다. 누구나 할 것 없이 이란에 대해서는 비교적 단단한 편견을 갖고 있다. 그도 그럴 것이 국가든 개인이든 간에 이란과는 아주 오랫동안 담을 쌓고 지냈기 때문이다. 이란은 소위 '악의 축'의 한 국가로 무려 37년 동안 국제무대에서 왕따 신세로 지내다가 2016년 초에 규제가 풀렸다. 나는 때마침 고대 실크로드를 탐구하는 사람들과 뜻이 맞아 함께 이란 땅을 밟기로 했다.

이란은 2016년 1월부터 국제무대에 컴백했다. 이슬람혁명(1979) 이후 핵개발 포기로 인해 국제사회의 무역규제가 해제된 것이다. 길게는 37년간, 짧게는 10여 년간의 고립에서 풀려나 이제는 국제적으로 이란에 관심이 집중되고 있다. 바야흐로 페르시아 훈풍이 불고 있다.

이란은 공식 국가 명칭이 '이란이슬람공화국'이다. 즉 신정일치 국가이다. 인구는 2017년 현재 약 8천만 명, 국토면적은 남한의 16배에 달한다. 석유, 천연가스를 비롯한 중동의 자원부국으로 이슬람혁명 이전까지만 해도 우리나라 건설업체들이 상당수 진출해 있었다. 그중에는 이란과 이라크 8년 전쟁 동안에도 공사 현장을 사수한 우리나라 건설업체도 포함되어 있다. 나는 이슬람권인 사우디아라비아의 건설현장에서 근무한 적이 있어 이란이 각별하게 느껴졌다.

이란 여행 후 인상은 한마디로 '이란은 세계무대에서 푸대접받고 있었다'는 것이다. 여기서 그 원인 제공을 누가 했는지 따지려는 것은 아니다.

어쨌든 통시적으로 지난 역사를 돌이켜 보자면, 이란은 페르시아 문명의 후예로서 로마제국, 중화제국과 함께 분명히 인류문명의 한 축을 담당했던 주역이었다.

그럼에도 불구하고 이란은 호메이니혁명(1979) 이후 장장 37년 동안 세계에서 왕따 신세로 지내왔다. 소위 팍스아메리카나 미국 주도 세상에서 미국의 눈 밖에 나는 바람에 세계무대 출연을 거부당한 채 허송세월을 보냈던 것이다.

그러나 2016년, 개방과 함께 이제 이란이 다시금 글로벌 자본주의 질서에 편입되게 되었다. 사실 개방을 둘러싸고 갖가지 추측들이 난무했다. 일테면, 이란이 자국민들의 개방 요구를 건디다 못해 핵무장을 포기했다는 설도 있고, 미국 측이 이란의 개방을 적극 부추겼다는 설도 있다. 연유인즉, 미국 측이 이란을 이대로 방치하다간 G2 국가 중국이 이란의 지하자원을 싹쓸이하고 말 것이라는 위기감이 원인이었다고 한다.

개방의 이유가 어떠하든 간에 이란이 석유매장량 세계 4위의 자원부국이다. 따라서 이란의 자원에 군침을 흘리는 국가나 글로벌기업들은 앞으로 당분간 이란행 러시를 이룰 수밖에 없다. 최근 들어 국제 원유가격도 서서히 상승세를 타고 있어 이란의 재정 상황도 호전되리라 예상된다.

우리나라도 일찍이 이란정부로부터 러브콜을 받은 바 있다. 그 이면에는 1977년 양국 우호관계의 상징으로 서울과 테헤란에 각각 '테헤란로'와 '서울로'를 지정했고, 지금까지 잘 유지되고 있는 점, 또한 2016년 5월 당시 우리나라 대통령이 이란에 국빈 방문한 이래 해외 건설업계도 수주전략을 짜는 중이다. 따라서 우리나라의 입장에서도 이란 비즈니스를 위해 이란에 대한 깊이 있고 균형적인 정보가 절실한 편이다.

오해의 벽 허물기

이란 여행을 떠나기 전에 말리는 이들이 많았다. '그 위험한 곳에 뭣 하러 가느냐?', '미국에 적대적인 나라인데 여행 중에 테러를 당할 수도 있지 않느냐?' 등등 하나같이 부정적인 시각이었다. 그래서 출발 전에 은근히 겁이 난 것도 사실이다. 하지만 용기를 내어 이란여행을 감행했다. 그 덕분에 흥미진진한 경험들과 값진 깨달음들을 얻을 수 있었다. 가슴 속 견고했던 편견의 성채 하나가 일시에 와르르 무너지는 기분이랄까… 그래서 그 인상을 간단히 정리한 글을 모 일간신문에 투고했고, 운 좋게도 실렸다. 제목은 '우리는 이란을 오해했다… 그들은 아주 밝고 따뜻했다' 그 전문을 옮긴다.

> 최근 열흘간 이란을 다녀왔다. '남북물류포럼'이 주관한 실크로드 답사였다. 떠나기 전엔 좀 찜찜했다. 혹시 테러 위험은 없을까. 주변 반응도 같았다. "그런 위험한 나라에 왜 가요" 하지만 걱정은 테헤란 도착 후 하루도 못 가 사라졌다. 한마디로 우리는 이란을 너무 심하게 오해해 왔다.

검은 차도르를 쓴 여인들, 그 얼굴은 딱딱하게 굳어있을 거라 생각했다. 착각이었다. 열에 아홉 그녀들 표정은 이방인에게도 눈웃음을 줄 정도로 환했다. 테헤란 거리가 고물차에 구닥다리 건물들로 우중충할 거란 예상 역시 착각이었다. 고층빌딩이 즐비하고, 행인들은 뙤약볕 아래서도 싱그러운 활기에 넘쳤다. 청소년들도 외부 세계와의 단절로 무뚝뚝할 거라고 생각했다. 전혀 아니었다. 그들이 우리를 중국인으로 짐작하고 "니하오?" 할 때, "사우스 코리아!"라고 답하니 바로 "양곰('대장금'의 이란식 이름)", "주몽" 하며 환호하고, '강남스타일' 말춤을 추며 함께 사진 찍자고 몰려들었다.

이스파한 이맘광장 야경이 좋다기에 밤나들이 삼아 가봤다. 잔디밭에 삼삼오오 앉은 시민들, 어릴 적 모깃불 피워놓고 멍석에 온 가족이 둘러앉았던 정경이 떠오르는데 꼬마 아가씨가 다가와 접시를 건

넸다. 천연 초콜릿 같은 대추야자다. 꼬마의 등 뒤로 멀리서 가족들이 손짓으로 우리를 불렀다. 얼떨결에 그들의 돗자리에 자리를 잡았다. 여름밤, 은하수 아래에서 온 가족이 먼 길 나그네를 반겨주고, 수박까지 건넸다. 우리 일행이 말했다. "외갓집에 온 기분이에요!"

시(詩)와 정원의 도시, 시라즈에서 시인 하페즈의 무덤에 들렀을 때다. 매표소 앞에 줄 선 중년 여인은 두꺼운 하페즈 시집을 옆구리에 끼고 있었다. 묘소 대리석 관 앞에서는 그의 시를 낭송하는 늙수그레한 아저씨가 보였다. 그러고 보니 광장·공원에 왕이나 장군 동상보다 시인 것이 훨씬 많았다. 700년 전을 포함한 숱한 옛날 시인이 지금까지 사랑받는 이유는 무얼까. 부럽고 부끄러웠다.

귀국길, 하나같이 살갑게 대해준 이란인들에게 미안한 기분이 들었다. 그동안 누가 만든 비딱한 틀을 통해 그들을 보았던 것일까. 다행히 올 들어 양국 관계에 훈풍이 불고 있다. 지난 5월 박근혜 대통령이 한국 대통령으로는 1962년 수교 이후 처음 방문했고, 마수메 에브테카르 이란 부통령은 보름 뒤 조선일보 주최 '아시안 리더십 콘퍼런스'에서 기조연설을 했다. 우리 기업과 이란 정부의 제휴도 급물살을 타고 있다. LG, GS, 코오롱, 두산 등이 선두에 나섰다.

이 기회에 두 나라가 더 빨리 밝은 신뢰의 미래를 열기 위한 제안을 하고 싶다. 먼저 민간 학술·문화·예술·체육 교류를 늘리고, 정부가 물꼬를 틔워 지원하자. 그리고 미래는 청년들 몫이니 대학생 교환 같은 프로그램을 만들자. 마지막으로 문학인들부터 교류에 앞장섰으면 한다. 불과 몇 년 전 발굴된 '쿠시나메 스토리'도 좋은 소재이다. 페르시아에서 쫓겨난 왕자와 신라 공주의 사랑 이야기이다. 올 들어 장장 37년의 금수 조치가 풀리고 세계무대에 재등장한 이란은 우리에게도 기회의 땅이다. 마치 한국 청년을 사모하는 아리따운 낭자 같다. "살람!(이란 말 '안녕하세요')" 하고 우리가 먼저 인사하고 다가가자. 서둘지 않으면 마구잡이 애정 공세에 나선 다른 총각에게 가버릴지 모른다.

– 출처 2016. 7. 22 조선일보 〈아침편지〉

이 칼럼에 대해 잔잔한 반향이 있었다. 물론 칭찬 일색이 아니라 호불호(好不好)가 뚜렷이 갈렸다. 인터넷상의 댓글 중에는 가히 충격적인 것도 있었는데 그중에 하나를 옮겨본다.

'당신은 여행객이 볼 수 있는 것만 보았다. 종교와 정치만 배제할 수 있다면 당신 말이 맞다. 그러나 이란에서의 삶은 정치와 종교가 배제될 수 없다. 이란이 지원하는 테러조직에 의해 죽어간 사람들과 그 가족에게 물어보라. 이란이 밝고 따뜻한 나라인지…'

숫제 필자의 이란에 대한 무지를 호되게 나무라는 투다. 그래서 한편으로는 이란에 대한 역사 공부도 더 할 겸, 다른 한편으로는 내 입장에서의 해명을 할 겸 글을 쓰게 되었다.

참고로 이란 여행은 개인적으로 최대 관심사인 실크로드 대장정의 중요한 한 구간, '빠진 고리(missing link)'이기도 하다. 다시 말해 꼭 1년 전에 발간한 필자의 졸저 『실크로드 차이나에서 일주일을(가쎄)』의 연장선상에 있기도 한 것이다. 이래저래 댓글 덕분에 더욱 분발심이 생긴 셈이다.

페르시아와 이란, 그 퍼즐 맞추기

인류 역사에서 가장 영향력이 컸던 3개 제국은 로마제국, 진(秦)제국, 그리고 페르시아제국이다. 그중에서 가장 오랫동안 유지되었던 제국은 무려 2,500년 이상 유지된 페르시아 제국이다. 페르시아 제국은 동서 문명의 한가운데 위치하여 서양문명과 동양문명의 교량 역할을 다했다. 하지만 그 진가는 과소평가되었다고 해도 과언이 아니다. 과연 그 이유가 뭘까?

'눈에서 멀어지면 마음에서도 멀어진다(Out of Sight, Out of Mind)'라는 속

담처럼, 미국 주도의 규제로 인해 이란은 세상 사람들의 관심권에서 멀어졌던 것이 가장 큰 원인이라고 할 수 있다.

하지만 이제부터 변화의 바람이 불고 있다. 이란사람들이 우리 곁으로 성큼성큼 다가오고 있는 낌이다. 우리의 노력 여하에 따라 얼마든지 친구가 될 수도 있고, 여전히 냉랭하게 지낼 수도 있다.

한편 중동지역에는 여러 나라들이 있다. 아라비아반도에는 사우디아라비아와 예멘, 그리고 이란, 이라크, 이스라엘, 시리아, 요르단, 터키 등이 있다. 이들 중동지역 전체를 100으로 본다면 이란의 지분은 얼마나 될까? 면적이 차지하는 지분이든, 역사적 지분이든 간에 이란은 결코 무시할 수 없는 대국임에 틀림없다. 자원부국에다 인구 대국인 이란은 향후 국제비즈니스 무대에서 블루칩이 될 전망이다.

누구인들 이란에 대한 선입견이 없겠는가. 개인적인 편견을 들어본다면, 우선 이란은 이슬람혁명과 지도자 호메이니의 얼굴이 먼저 떠오른다. 과도한 종교적 열기로 인해 일반 소시민들의 삶이 어땠는지, 이란인들의 삶도 검은 차도르 속에 가려진 느낌이 강했다. 다음으로 이란 영화로 인한 선입견이 강했다. 예컨대, 이란 영화 〈하얀 풍선〉, 〈체리 향기〉, 〈내 친구의 집은 어디인가〉 등으로 인해 도시의 삶보다 가난한 농촌의 삶을 그린 영화들로 인해 나라 전체가 낙후된 듯한 느낌을 갖는다는 점이다.

다음으로, 이란은 광대한 면적의 이란고원으로 인해 나라 전체가 거의 사막으로 물이 엄청나게 부족할 거라는 오해이다. 하지만 곳곳마다 정원이 있었고, 이들 정원에는 천국의 분수처럼 시원한 물이 넘쳐났다. 수도 테헤란에도 고대로부터 전수된 지하수로망 카나트(qanat)는 실로 놀라운 시설이었다.

끝으로, 코란이 시(詩)의 운율이라는 사실은 익히 들었다. 하지만 그들이 일상에서 하페즈의 시를 끼고 산다는 것은 감히 상상도 하지 못했다.

이처럼 떠나기 전에 편견이 많았지만 여행을 다녀온 뒤 상당 부분이 해소되었다. 또한 편견은 풀렸지만 새롭게 생긴 의문들도 적지 않았다. 따라서 새로 생긴 의문들을 화두처럼 붙들고 밀린 숙제하듯 풀어보기로 했다. 따라서 이 책은 그 물음에 대한 필자 나름의 답안인 셈이다.

기왕이면 그 답안을 일정한 순서로 엮어야 한다. 여행기의 순서는 필자가 돌아본 이란의 도시 일곱 곳을 차례로 소개하는 것이다. 본론으로 들어가기 전에 이란에 대한 자칫 오해하기 쉬운 것들을 소개한다. 이란에 대한 기본상식 삼아 간략하게 정리해본다.

첫째, 이란은 신정일치의 이슬람 공화국이다. 이란은 1979년 이슬람혁명에 성공하면서 이슬람 공화국으로 복귀했다. 그 이전 팔레비 왕 시절에만 해도 젊은이들의 옷차림은 미국 청년들과 전혀 차이가 없었다. 하지만 지금은 남자들은 넥타이를 매지 않을 뿐 비교적 개방적인데 비해,

여자들은 가혹할 정도로 전통 패션을 고수하고 있다. 일설에 의하면, 젊은 여성들은 차도르 속에 핫팬츠와 배꼽티를 입고 있다고 하는데 필자 눈으로 확인한 게 아니라 장담은 못하겠다.

둘째, 이란은 페르시아 제국의 후예다. 지난 1971년에 제국 창건 2,500 주년 기념행사를 성대하게 거행했다. 21세기 이란사람들 역시 비록 국제 무대에서는 홀대를 받고 있을지라도 자랑스러운 페르시아 제국의 영광을 계승했다는 자부심이 대단하다. 하지만 그들의 자부심에 비해 국립박물관이나 고도(古都) 페르세폴리스에서 확인한 문화재 사랑은 기대 이하라서 적잖이 실망스럽기도 했다.

셋째, 이란인은 주변의 아랍족과 다른 아리안족이다. 지리적으로 아라비아 반도에 인접해 있고 8세기 아랍 이슬람의 침공에 의해 이슬람화되었지만, 그들은 아랍족도 셈족도 투르크족도 아닌 아리안족이다. '이란'이란 국명도 아리안에서 유래한 것이다. 그래서 이란 사람들을 보고 아랍민족 운운하면 벌컥 화를 낼 정도다. 특히 외교 협상장에서 외교관이 이런 실수를 할 경우, 단순히 결례로만 끝나지 않고 후유증이 막심하다고 한다.

넷째, 이란인들은 고유의 페르시아어를 사용하고 있다. 비록 문자는 아라비아문자를 쓰고 있다. 하지만 그들의 언어는 주변 민족들이 주로 사용하는 아랍어나 투르크어와는 전혀 다른 페르시아어인 것이다.

다섯째, 이란인들은 대다수가 무슬림이지만 다수파인 수니파가 아닌 소수종파인 시아파에 속한다. 이란인들은 전 세계 시아파 무슬림 중에서 가장 많은 부분을 차지한다. 수니파와 시아파의 차이는 기독교에서 가톨릭과 프로테스탄트의 차이보다 훨씬 더 크다고 한다. 같은 이슬람이지만 이들 두 종파는 여전히 서로 으르렁거리고 있다. 일례로 수니파의 이라크와 시아파의 이란이 8년 전쟁을 벌였던 것도 근본원인은 종파가 달랐기 때문이다.

페르시아, 실크로드의 미싱링크

필자는 오래 전부터 실크로드를 답사해 왔다. 실크로드는 동서양의 다양한 교역품들이 왕래하는 길인데, 교역품들 중에서 가장 값비싼 상품이 비단이라 '비단길'이라 명명했다고 한다. 중국 시안에서 이탈리아의 로마까지 장장 9,000km에 이르는 길이다. 필자는 그 길을 퍼즐 맞추기하듯 구간 구간을 여행해 왔다. 똑같은 대상이라도 사람마다 관점이 다르듯이, 필자는 역사학자나 인문학도가 아닌 공학도의 관점을 시종일관 유지해 오고 있다. 그렇다고 역사를 무시한다는 것은 아니다. 역사 속 혁명이나 전쟁, 일대 개혁 등 대규모 정치적 사건의 이면에 숨은 건설 인프라의 영향에 대해 돋보기를 들이대는 식이다.

글의 순서는 일주일간의 여행 일정을 따랐다. 앞에 있던 '이란여행 노선도'에서 밝혔듯이 7개 도시를 차례로 소개한다. 인천공항에서 중동의 허브공항, 두바이로 갔다. 이곳에서 비행기를 바꿔 타고 테헤란으로 갔다. 테헤란에서 1박 한 뒤, 전세버스로 꼬박 7일 동안 이란을 누볐다. 하마단, 카샨, 아비야네, 이스파한, 쉬라즈, 페르세폴리스, 야즈드까지 돌아본 뒤, 다시 국내선 비행기로 테헤란으로 돌아오는 노선이다. 행선지를 보면, 고대 페르시아제국의 도시들을 차례로 답사한 뒤, 마지막으로 수도 테헤란에서 마무리를 했다는 말이다. 말하자면 페르시아에서 엿새를 보냈다면 마지막 하루는 현대 이란에서 보낸 셈이다. 그럼 이제부터 페르시아 문명의 뿌리를 찾아 떠나기로 한다.

낯설지만 훈훈한 땅 페르시아, 장도(壯途)에 축원삼아 페르시아 시인 루미(Jalāl ad-Dīn Muhammad Rūmī 1207~1273)의 시 한 편을 옮겨본다.

여행은 당신에게 힘과 사랑을 되돌려 주리
만약 당신이 어디든 갈 곳이 없다면
마음속의 길을 따라 가보라
그 길은 빛의 기둥들처럼
항시 변하는 길
그 길을 여행할 때 당신은 변화하리라

첫 번 째 도 시

하마단^{Hamadan}, 에스더 왕비 영묘^{靈廟}에서

테헤란 도심은 신기하다. 대로변 상가 간판들이 모조리 꼬부랑글씨다. 거리에서 영어 글자 찾기가 숨은그림찾기 같다. 영어 글자라곤 겨우 'POLICE(경찰)'와 'BANK(은행)' 정도다. 간판에 영어 이름이 있다면 건물의 성격을 짐작할 수 있고, 이로써 심심파적 눈요기라도 할 텐데 말이다. 이란은 언어는 페르시아어를 쓰고, 문자는 아랍 문자를 쓴다. 꼬부랑글씨 간판들을 노려보고 있을 때 일행 중 누군가 말했다.

'이란 와서 (영어) 간판 사업하면 대박 나겠군!'

다들 맞장구를 쳤다. 개방과 함께 외국 관광객들이 몰려들고 있으니 하루빨리 영어 간판을 달아야 하지 않겠는가. 개방 선포 7개월이 지난 시점(2016년 1월)인데도 영어 간판 찾기가 어렵다니 이게 가당키나 한 일인가. 그런데 아직은 간판 글씨에 대해 정부가 통제를 하는 모양이다. 언론에 대해 통제를 하는 나라이니 그럴 법도 하다.

그래도 거리에 반가운 풍경이 전혀 없지는 않다. 중고차라도 한국산 프라이드 승용차가 흔히 보이고, 서양의 어느 도시처럼 '옐로캡' 택시들도 아주 많다.

도심은 갑갑하기도 하다. 매연도 심한 편이고 교통체증이 심해 차들이 거북이 운행을 한다. 그 갑갑함은 도시의 스카이라인에서도 온다. 선진국 도시들의 도심처럼 시원한 마천루가 없이 대체로 건물들이 수평으로 빼곡하게 들어차 있다.

그래도 도심을 빠져나오면 시야가 확 트인다. 저 멀리 지평선 위로 새털구름이 반긴다. 고속도로가 일직선으로 무한정 뻗어있고 그 끝에 소실점까지 보인다. 고속도로 양옆으로는 여름인데도 황량한 사막이고 그 끝에는 황토빛깔 구릉들이 나타난다. 그 구릉 위에 한 그루 고목이 창공을 향해 만세를 부르듯 서있다. 그 뒤로 아침 햇살이 천지창조의 첫날처럼 빛난다.

'가만있자, 어디서 보았더라, 어디서 보았더라. 아하! 그래 〈체리 향기〉라는 영화였지!'

한 중년 사내가 사는 게 너무 힘들어 자살을 하려고 결심한다. 익사, 추락사, 독극물, 여러 가지 방법을 고심했다. 최종 결론은 가성비 최고의 방법! 동구 밖 체리나무에 목을 매어 죽기로 한다. 결행 시기는 아무래도 이슥한 밤이 좋겠다. 온 마을 고요히 잠든 새벽, 그 사내는 아주 실한 동아줄을 둘러메고 동구 밖 고갯길을 향한다. 고갯길에는 고목이 된 체리나무 한 그루가 서있다. 그 아래 당도한 사내는 맨 아래쪽의 가지를 향해 동아줄을 던진다. 한 번, 두 번, 세 번 거듭해서 동아줄을 던지지만 가지가 높아 줄이 도무지 걸리지 않는다. 등허리에 진땀이 흐른다.

'이대로는 도저히 안 되겠군, 가지 위로 올라가지 줄을 매어야겠군!'

사내는 간신히 늙은 체리나무 위로 올라간다. 가지 위에 조심조심 발을 딛은 채 허리를 펴는데 코끝에 달콤한 향기가 풍기는 게 아닌가. 희붐한 속에 푸른 잎새들 사이로 붉디붉은 열매가 고개를 내민다. 잘 익은 버찌들이 송알송알 달려있다. 사내는 잘 익은 버찌 한 알을 따서 입에 넣었다. 달짝지근하다. 한 알, 두 알 따먹기 시작한다. 어느새 동녘이 환히 밝아온다.

'내가 이 고목나무에 뭣 하러 올라왔던가?', 그 생각은 까맣게 잊고 정신없이 버찌를 따먹고 있는데, 왁자지껄 아이들 목소리가 들린다.

'아저씨! 우리도 버찌 먹고 싶어요!'

나무 아래를 보니 어느새 동네 아이들이 우르르 몰려있다. 고개 너머 초등학교로 등교하는 아이들이다. 할아버지는 버찌를 따서 아이들에게 던져 주기 시작한다.

마침내 중년 사내는 자살을 포기하고 다시 새 삶을 살기로 작정한다는 이야기다.

이란 영화 〈체리향기(A Taste of Cherry)〉에 등장하는 에피소드 중 하나이다. 이 영화는 액자식 소설처럼 영화 속에 또 다른 자살 기도 청년이 나온다. 위에 든 에피소드는 그 자살 기도 청년을 설득하는 어느 노인의 체험담이다.

이 영화는 압바스 키아로스타미(1940~2016) 감독의 출세작이기도 하다. 필자 역시 이 영화를 통해 이란에 대한 호감이 생겼다고 해도 과언이 아니다.

어쨌든 여행 초반이지만 이 영화가 부지불식간에 떠올랐다. 이 영화가 만들어준 이란의 인상이 워낙 강했다는 말이기도 하겠다.

여름인데도 황량한 사막이 끝이 없다. 고속도로만 아니라면 금방이라도 그 구릉 위로 낙타를 탄 대상(隊商)이 나타날 것 같다. 가도 가도 변할 줄 모르는 사막, 이 지역이 이란고원이고, 또한 이곳이 얼마나 거대한 평

원인지 절감한다.

하마단은 테헤란에서 남서쪽으로 360km. 전세버스를 타고 1시간쯤 달려가는데 처음 한동안 신기했던 풍경이 이내 지루해진다. 가도 가도 변화가 없기 때문이다. 도중에 운전기사에 운행 확인을 받기 위해 검문소에 들를 때마다 간이화장실에 들렀다. 그런데 화장실은 몹시 지저분하고 쇠파리 떼들이 들끓었다. '이란은 마지못해 개방했을 뿐 본심은 아직도 외국 관광객들이 찾아오는 걸 원치 않는 것은 아닐까?' 하는 엉뚱한 생각마저 들었다.

목적지로 향하는 도중에 버스를 내려 점심식사를 하기로 했다. 그런데 식사도 시작하기 전에 작은 소동이 있었다. 여성 일행들이 스카프인 히잡을 벗었더니 어느새 현지 가이드 모함마드가 달려와 극구 만류를 하는 게 아닌가. 이란에서는 이슬람식 예의를 지켜야 한다며 히잡을 쓴 채로 식사를 해야 한다는 것이다. 여성 일행들은 발끈했다.

'이게 뭐예요? 자기들 문화만 소중하고, 우리 문화는 무시해도 된단 말이에요?'

'한국 사람들끼리 식사하는 자리에서도 이러는 건 무례한 거 아니에요?'

'그럼 이란 여자들이 우리나라에 와서 식사할 때는 제발 히잡 좀 벗으라고 해야겠네요!'

식당 안 분위기도 순간적으로 냉랭해지는 바람에 결국 우리가 양보했다. 여성 일행들은 못 이긴 척 조신하게 스카프를 쓴 채 식사를 마쳤다.

그런데 우스운 것은 사흘쯤 경과 후에는 이 여성 일행들의 태도가 180도 변한다는 사실이다. 언제 히잡에 저항했나 싶게 하나같이 '히잡 예찬론자'가 된 것이다. 이유는 다분히 실용적인 데서 기인한다.

'글쎄! 히잡이 이렇게 좋은지 몰랐네. 늦잠 자고 부스스한 머리 손질 안 해도 되잖아?'

케밥은 '밥'이라서 좋다. 낯선 이국의 메뉴지만 우리의 주식인 밥이 곁들어진 요리라서 친근한 느낌이다. 케밥은 본래 양치기 유목민들의 주식이었다고 한다. 지금은 터키 사람들의 주식으로 알려져 있지만, 이곳 이란 사람들의 주식이기도 하다. 케밥을 먹을 때면 우리네 쌈 싸먹기나 김밥말이가 생각난다. 이들은 김 대신에 납작한 빵 '난(nan)'에다 양고기를 싸먹는다. 김밥 속에 단무지와 당근을 넣듯이, 케밥도 그 속에 다양한 채소와 소스를 곁들일 수 있어 자기 취향대로 조합이 가능하다. 부러운 점은 음식 찌꺼기가 거의 없다는 점이다. 설령 있다고 해도 음식 부스러기라 할 정도이다.

점심식사 후에도 얼마나 달렸을까? 어느덧 황량한 풍경이 사라지고 지평선 끝에 산맥이 나타난다. 산줄기가 이라크와 이란에 걸쳐있고, 페르시아 만과 평행하게 달리는 자그로스 산맥(Zagros Mountains)인 모양이다. 그 산맥 아래 짙푸른 가로수길이 나타난다. 드디어 하마단 시로 진입한 것이다.

하마단은 이란에서 가장 오래된 도시 중 하나다. 기원전 1,100여 년 전 아시리아 왕국 때부터 있었고, 기원전 700년 전, 그리스 역사가 헤로도토스의『역사』에도 메디아 왕국의 수도라고 언급되어 있다. 고대에는 '액바타나(Ecbatana)'로 불렸다. 해발 1,850m 산지에 있어 여름철에 서늘한 곳을 찾는 관광객들에게 인기가 높다. 인구는 약 47만 명(2006) 정도로 우리나라의 지방 소도시 정도이다.

도시 중앙에 로터리가 있고 그 원을 중심으로 도로들이 방사선으로 뻗어나간다. 하마단은 무려 3천 년에 걸쳐 조성된 유서 깊은 도시였다. 실크로드의 간선에 위치하는 고도(古都)에서 현대식 로터리를 본다는 건 꿈에도 상상하지 못했다. 로터리의 주변은 3층 정도의 현대식 건물들이 에워싸고 있다. 등대처럼 높이 솟은 건물도 없고, 그렇다고 난쟁이 건물도 없이 이웃 건물들끼리 의좋게 어깨동무를 하고 있다. 스카이라인에서 벌써 도시의 정체성, 아니 국가의 정체성이 드러나고 있는 것 같다. 이슬람 사회주의라고나 할까. 이 로터리가 바로 하마단시의 중심인 이맘 호메이니 광장(Imam Khomeini Square)이다.

로터리를 지나자 도로 양편으로 주차된 차들이 즐비하다. 도로 중앙에는 가로수가 있는 중앙분리대가 있고 양측 도로와 인도 사이에 또 분리대가 있다. 보도와 주택가 사이에는 투시형 펜스까지 설치되어 있다. 당초 기대와는 전혀 다른 하마단의 첫인상이다. 도시의 역사는 3천 년을 넘는데, 도로는 근대 도시계획의 수혜를 받은 게 분명해 보인다.

이런 심증을 확인하기 위해 배낭 속에 넣어 온『론리플래닛 이란』을 펼쳐보니, 하마단은 1929년 독일 도시계획가에 의해 수레바퀴 형상의 가로 계획으로 전면 재배치되었다고 한다. 달리 말하자면, 격자형 가로(街路)가 마차시대 도로였다면, 방사선 가로는 대부분이 자동차 시대 도로이다. 다시 말해 자동차 등장 이후 도시교통의 순환을 높이기 위해서는 교차점을 로터리 형태로 만들어 자동차들이 물처럼 순환하게 하기 위해서이다.

물론 예외 사례도 있다. 프랑스 파리의 경우, 19세기 후반, 오스만 남작에 의한 파리개조 사업 당시 방사 형태로 개조한 바 있다. 그 이유는 혁명이나 폭동을 방지하기 위해였다고 한다. 다시 말해 중세 도시의 미로 같은 도로에서 곳곳에 동시다발적으로 폭동이 일어날 수 있지만, 방사형 도로를 만들면 통제하기가 아주 쉽다는 취지에서였다고 한다. 결과적으로 만성적인 교통체증도 해소되었다고 한다.

구약성서의 에스더 묘당(廟堂)에서

하마단에 가서 제일 먼저 들른 곳은 에스더 무덤이다. '에스더'는 기독교식 이름인데 어째서 이슬람 국가에 기독교 유적이 있는 것일까? 기독교는 이스라엘에만 있는 줄 알았던 나의 무지였다. 놀랍게도 '에스더'라는 이름이 유명세를 타게 된 최초의 계기가 바로 이 유적이라고 한다. 이로 인해 오늘날 유대교와 기독교인들의 필수 순례코스가 되었다고 한다.

에스더 무덤은 어른 키를 훌쩍 넘는 철제 펜스로 둘러쳐져 있었다. 공식 명칭은 에스더와 모르드개 무덤[Temple(Tombs) of esther and mordecai]이다. 새삼스럽게 구약성서에 나오는 에스더서를 읽어보았는데, 여기에서 나오는 일화를 소개한다.

에스더는 일찍 부모를 여윈 바람에 삼촌 모르드개가 키웠다. 당시 페르시아 왕 아하수에로(크세르크세스)는 궁전이 수사에 있었는데, 모르드개는 그의 신하였다. 어느 날 페르시아 왕이 성대한 잔치를 연다. 왕은 술에 취한 남자 손님들에게 아내의 미모를 한껏 과시하고 싶었다(일설에 의하면, 왕이 술에 몹시 취한 나머지, 왕비더러 대신들 앞에서 나체춤을 추라고 했다는 설도 있다). 하지만 왕비가 이를 완강히 거부하자 신하들이 돌아서서 비아냥거린다. '왕비가 저리 도도해서야 페르시아의 모든 아내들이 왕비를 본받아 도도할 것 아닌가'라고. 이렇게 쑥덕거리는 소리는 급기야 왕의 귀에까지 들어가고 왕은 홧김에 왕비를 내쫓아버린다.

왕은 후임 왕비를 맞이하는데 아리땁고 지혜로운 그녀가 바로 유대 출신 에스더이다. 물론 왕은 에스더가 유대 출신인지 몰랐다.

마침 왕의 신임을 받고 있던 재상 하만은 어떤 연유에서인지 유대인을 무척 싫어한다. '왕의 법을 지키지 않는 나쁜 사람들'이라는 거짓말로 왕을 설득하여, 급기야 전국의 모든 유대인을 죽일 음모를 꾸민다. 그는 우선 왕비 에스더의 양아버지인 모르드개를 죽이려 한다. 모르드개는 에스더 왕비에게 자초지종을 말한다. 모르드개의 권유에 따라, 에스더는 남편인 왕에게 가서 간청을 해야 하는데, 당시에는 왕이 청하지도 않았는데 왕에게 가는 것은 지위고하를 막론하고 처형되었다고 한다. 이때 에스더 왕비가 한 말, '죽으면 죽으리라!'라고 하며 왕에게 찾아갔고, 왕이 그녀의 호소에 귀를 기울인다. 에스더 왕비는 자신이 유대인임을 밝히고 하만의 음모를 폭로한다. 이리하여 극적인 반전이 일어난다. 모르드개를 처형하려고 준비해둔 교수대에 하만이 교수형을 당하게 되고 말았던 것이다.

우선 구약에서 쓰인 명칭들을 되짚어보면, 여기서 말하는 '바사' 왕국은 페르시아이고, 아하수에로 왕은 크세르크세스 왕이다. 구약성경에 문외한이라도 위의 에스더 이야기에는 드라마틱한 반전을 느낄 수 있을 것이다. 당초 유대인을 도륙하려던 하만 세력에 대한 보복을 상상하면 끔찍함에 몸서리가 쳐지기도 한다. 기독교 편에서 보면 뒤집기 복수겠지만 상대방 입장에선 그 복수가 상상 이상으로 잔인하다.

에스더 무덤은 봉분으로 된 게 아니었다. 자단목으로 만든 관을 보관하는 건물, 그 안에서 참배와 관람을 가능하게 만든 묘당(廟堂)이라고 해야 제격일 것 같다. 전체 건물 한가운데 돔이 우뚝 솟아있다. 마치 포탄을 세워놓은 것 같다. 무덤의 적막보다는 사방을 제압하는 위용이 느껴진다. 폭격기에서 이 건물을 향해 미사일을 쏜다 해도 끄떡도 안 할 것 같다. 기독교 신자들이 본다면 무덤 건물의 외관이 꼭 에스더의 독실한 신앙을 대변하는 것처럼 느낄 것 같다.

묘당 입구 석문(石門)은 무려 400kg에 달하는 돌쩌귀가 달린 여닫이 문이었다. 먼저 신발을 벗고, 허리를 굽히고 석문으로 들어간다. 안으로 들어가면 관리인이라는 랍비 노인이 있다. 흰 사발을 닮은 모자를 덮어쓴 채 일행을 안내하는데, 헌금을 유도하는 솜씨가 노련하다.

실내는 전실과 후실로 나눠져 있다. 소성벽돌로 쌓은 건물이라 아주 단단해 보였다. 전실에서 방문객들이 빙 둘러앉아 설명을 들을 수 있다. 다음으로 좁은 문을 통해 후실로 들어간다. 후실 한가운데 티크의 일종인 자단목으로 된 관(棺)이 두 개가 놓여있다. 관의 표면이 옻칠한 것처럼 반들반들하다. 이 관들의 주인공(에스더와 모르드개)이 무려 2,500년 전에 살았던 사람들이라니, 보존상태가 무척 훌륭해서 선뜻 이해가 안 된다.

한편으로 이 묘당의 주인공에 대한 이설도 있다. 어떤 학자는 이 묘당은 유대인 왕비 슈샨 독트(Shushan -Dokht)를 기념하기 위해 세운 건물이라 주장한다는 것이다. 그녀는 야즈드거더 왕(Yazdgerd Ⅰ AD399~420)의 왕비로 하마단에 있는 유대인 거주지역을 재단장하도록 왕을 설득시켰던 왕비라는 것이다.

이 묘당의 진실이 어떻든 간에 분명한 사실 한 가지는 이곳 하마단에는 아주 오래전부터 유대인들이 집단을 이룰 정도로 많이 살았고, 지금도 살고 있다는 점이다. 역사를 거슬러 올라가면 바빌론 유수(幽囚)에까지 이를 것 같다. 바빌론 유수란 기원전 6세기에 두 차례에 걸쳐 신바빌로니아에 정복된 많은 유대인이 바빌론으로 끌려간 일을 말한다. 이후 페르시아의 키루스 2세의 바빌론 정복으로 인한 유수해방령(幽囚解放令)에 의하여 이들이 해방되어 예루살렘으로 돌아가게 된다. 따라서 하마단의 유대인 역사는 어림잡아 2천 년 전, 이곳 하마단의 메디아 왕국의 수도였던 때부터 시작되었다고 해도 과언이 아니다.

간즈나메(Ganjnameh), 보물책의 비밀

이란어에는 '나메(nameh)'로 끝나는 말들이 많다. '샤흐나메', '간즈나메', '투티 나메', '쿠쉬나메' 등등. 나메를 우리말로 하면 '이야기(책)'라는 뜻이란다. 이번에는 나메 중에서도 대단한 나메라는 간즈나메(Ganjnameh)를 보러 간다.

이 비석은 하마단 서쪽 5㎞ 지점의 압바스 아바드(Abbas Abad) 계곡 해발 2,170m 산록에 있다. 비석을 보러 가는 길은 길 자체가 소풍길 같다. 주차장에서 내린 뒤, 인도를 따라 올라가는데 나들이 나온 이란 사람들이 많다. 엄마 품에 안긴 아기부터 호호할머니까지 가족 단위가 많다. 길가에는 노점상도 많다. 간이의자에 앉아 물담배를 피는 사람들도 보이고, 옥수수를 구워 팔거나 아이스케이크를 파는 노점, 음료수를 팔거나 어린이 장난감을 파는 곳도 있다. 우연히 길에서 떠들썩한 한 무리의 청년들이 우리 일행에게 인사를 하기에 '코리아'에서 왔다고 하자 반가워하

며 함께 사진을 찍자고 한다. 한류의 영향이 이렇게 대단한지 몰랐다. 한국에서 왔다고 하면 어디서나 순식간에 사람들이 몰려든다. 연세 지긋한 어른들이야 엄지손가락을 쳐드는 정도인데 젊은이들은 당장 인증샷을 찍겠다고 우르르 몰려들었다.

다리를 건너 계단을 올라가자 비석이 나타난다. 비석은 돌을 다듬어 땅 위에 세운 게 아니었다. 2m 높이의 천연 암벽 위쪽에 네모지게 움푹 깎아낸 평면에 새겨져 있었다. 말로만 듣던 쐐기문자(楔形文字 cuneiform)였다. 비문은 마치 두 개의 사각형 액자 같다. 액자 속 글씨는 마치 반듯하게 줄 쳐진 공책에다 정성들여 받아쓰기 숙제를 해놓은 것 같다.

비문의 주인공은 아케메니스 왕조(Achaemenian Dynasty)의 다리우스 왕(Darius the Great 521~485 BC)과 크세르크세스 왕 (Xerxes the Great 485-65 BC)이다. 비문은 고대 페르시아어, 엘람어, 바빌로니아어인 세 가지 문자로 적혀있어서 해석을 할 수 없었다. 나중에 해석한 비문의 내용을 읽었는데 다음과 같다.

'위대한 신 아후라 마즈다, 천지와 인간을 창조한 신, 신들 중의 가장 위대한 신, 크세르크세스 왕을 세우고, 수많은 왕들 중에 가장 위대한 왕, 아케메나드 왕조의 다리우스 왕의 아들, 크세르크세스 왕……'

당시는 아랍 세력의 침공 이전으로, 이란인들은 조로아스터교의 신인 아후라 마즈다를 칭송하고, 동시에 다리우스 왕과 크세르크세스 왕의 위대함을 찬양하여 천연 암벽에 새겨놓은 것이라고 한다. 혹여나 후세 사람들이 -페르시아인이든, 식민지가 된 바빌론 사람이든-선대 왕들의 위대한 업적을 무시할까 봐 천연 암벽에다 기록을 해 둔 것인데, 영구불변의 보석 같은 비문이라 하여 '보석의 책'으로 불린다. 비석 아래에는 안내판이 있는데 비문의 내용을 아라비아어와 영어로 옮겨놓았다. 내용은 왕중왕 크세르크세스가 아후라 마즈다 신에게 감사하는 것이다.

비석에 적힌 세 가지 문자 중 하나가 설형문자다. 잠시 설형문자에 대해 살펴보자. 설형문자는 인류 최초의 도시 문명인 수메르 문명으로부터 나왔다. 인류 4대문명 중에서도 가장 오래된 것이 바로 메소포타미아 문명이고, 수메르는 바로 지금의 이란 지역이다. 설형문자는 기원전 3천 년경 발견된 인류 최초의 문자로서 이후 3천 년간 메소포타미아 전역에서 발견된다.

설형문자 유물로 유명한 것은 '길가메시 서사시'이다. 길가메시 서사시는 기원전 2천 년대 수메르 남부의 도시국가 우루크(Uruk)의 군주이며, 반신반인이자 강력한 왕이었던 길가메시가 영원한 생명을 찾기 위해 여행을 하는 이야기이다. 놀라운 점은 이 서사시에 대홍수와 거대한 방주 이야기가 나온다는 점이다. 이쯤에서 독자들은 '노아의 방주' 이야기를 떠올릴 것이다. 그렇다. 구약 창세기에 나오는 노아의 방주 이야기의 원형이나 다름없는 이야기가 곧 길가메시 서사시이다.

다음으로 유명한 것은 『함무라비 법전』이다. 함무라비 법전 하면 '눈에는 눈, 이에는 이'가 먼저 떠오른다. 언뜻 생각하면 아주 잔인한 법 같지만 실상을 알고 보면 그렇지 않다. '눈에는 눈, 이에는 이'는 죄에 대한 벌도 죄의 경중에 따라 공정해야 된다는 점, 다시 말해 눈을 멀게 한 가해자에게는 딱 눈만 멀게 해야 하고 더 이상의 과잉처벌은 안 된다는 점을 강조하는 것이라고 한다. 인류 역사상 최고(最古)의 성문법인 함무라비 법전 역시 현무암 기둥에 설형문자로 쓰여 있다.

중세 때부터 유럽인들은 설형문자 유물 수집을 취미로 했다고 한다. 진짜 부자라면 설형문자 유물을 갖고 있어야 한다고 할 정도였다고 한다. 그렇다면 부자들은 설형문자의 해독을 직접 했을까? 그렇지 않다. 설형문자는 19세기 중반에야 해독이 되었다. 이는 마치 이집트 상형문자로 기록된 로제타스톤(Rosetta Stone)의 비밀을 해독한 것과 동등한 가치가 있다고 한다. 결정적인 계기는 베히스툰(Behistun, 오늘날의 비시툰) 비문이었다(아쉽게도 이번 여행에서 이곳 유적 방문은 당초 예정과는 달리 일정에 쫓기는 바람에 다음 기회로 미룰 수밖에 없었다).

설형문자 해석에 몰두해온 영국군 장교인 롤린슨(Henry C. Rawlinson, 1810~1895)은 베히스툰 비문을 어렵사리 탁본한 뒤, 10년 동안의 끈질긴 노력 끝에 1847년에 드디어 해독에 성공했다. 이 비문이 고대 페르시아어, 엘람 어, 바빌로니아 어의 3개 국어로 되어 있으며, 페르시아 제국의 다리우스 대왕의 전승기념비문이었음이 밝혀졌다. 간즈나메 비문 역시 베히스툰 비문과 흡사한 내용인 것으로 판명되었다. 이리하여 메소포타미아 문명의 거대한 실체가 속속 드러나게 되었던 것이다.

간즈나메 비문에서 놀란 점은 따로 있다. 무려 2,500년 전에 이 땅 사람들은 고유문자가 세 개씩이나 있었다는 사실이다. 세 가지 문자를 동시에 기록해 놓았다는 사실은 타민족의 언어와 문화를 포용한다는 뜻이 아니겠는가. 지레짐작인지는 몰라도 일전에 '에스더 묘당'에서 느꼈던 이방 종교에 대한 관용성, 다시 말해 조로아스터교가 국교인 페르시아 제국에서 유대교 신앙을 존중해 주었다는 사실 역시 큰 틀에서 보면 페르시아문명의 다양성에 대한 포용성을 십분 느낄 수 있게 한다.

화강암에 새긴 쐐기문자 비문은 대단히 정교하다. 무려 2,500년이 지난 비문인데도 전혀 풍화되지 않은 것 같다. 그렇다면 단단한 화강암에다 글을 새긴 연장, 정(鋌)은 또 얼마나 단단했겠는가? 글을 새긴 정이 단단하지 못하면 이토록 정교한 글자를 새길 수 없었을 테다. 이로부터 쇠(金)를 부리는 기술, 정련(精練)과 단조(鍛造) 기술이 뛰어났음을 짐작할 수 있다. 쇠를 부리는 기술은 곧 강병(强兵)의 기본이기도 하기에, 무기(武器)가 그만큼 정교하다는 것을 뜻하기도 한다. 후속 이야기는 나중에 페르세폴리스에서도 상세하게 다루기로 하고 여기서는 이 정도로 줄인다.

비석 뒤로는 드문드문 나무가 서 있는 거대한 바위산이 이어지고, 비석 오른쪽은 바위산의 계곡이다. 계곡 위로는 외줄기 폭포가 쏟아지는데 그 높이가 9m에 이른다. 이 물줄기를 거슬러 올라가면 그 아래 사람들이 빼곡하게 모여 있다. 다들 폭포를 배경으로 사진을 찍고 있다. 황량한 고원에서 폭포를 본다는 것이 전도에 행운을 불러올 것 같다.

지상낙원 핀^{Fin} 정원을 찾아가다

카샨(Kashan)에서 선사시대 유적 시알크 (Sialk)에 갔다. 점심식사를 한 뒤, 뙤약볕 아래 한적한 길을 500m 정도 걸었다. 햇볕이 얼마나 따가운지, 목덜미에 불화살이 내리꽂히는 기분이다.

유적 입구의 전시관부터 들렀다. 빗살무늬토기, 채색토기 등등, 상당수 값진 발굴유물이 즐비한데도 불구하고 전시공간은 허름하기 짝이 없다. 마치 건설현장의 가설 사무소 같다.

시알크가 고대의 지구라트 유적이라는 설명을 듣고 현장 구경을 나갔다. '지구라트(Zigguarat)' 하면 제일 먼저 바벨탑이 떠오른다. 지구라트는 층층이 계단을 쌓은 뒤, 꼭대기에 제단을 만든 구조물로, 정방형 또는 원통형으로 되어있다.

▽ 시알크 유적, 지구라트의 원조

　시알크는 멀리서 보면 가운데가 우뚝 솟아있으면서 펑퍼짐하다. 첫눈
에 봐도 구조물의 꼭대기가 오랜 풍상을 견뎌오면서 시나브로 쇠똥처럼
뭉개져버렸다는 것을 알 수 있다. 전체 지형으로 보면, 비산비야(非山非
野), 즉 산도 아니고 평야도 아니다. 산이라기엔 덩치가 작은 편이고 언덕
이라 하기엔 큰 편이다. 언뜻 우리 시골의 당산(堂山)이 떠오른다. 동구 밖
에 있는 야트막한 동산은 평소에는 온갖 놀이를 하는 장소이지만 밤만
되면 왠지 등골이 으스스한 분위기가 느껴지는 곳이었다.

　시알크 기슭에 오르니 낡은 유리관이 놓여있다. 그곳에는 어린이 인골
이 발굴 당시의 모습 그대로 담겨있다. 기원전 3천 년 전의 인골이라는데

전시기법이 조악하기 그지없다. 희귀한 고대유물인데도 불구하고 실내 전시관도 아니고, 노천에다 유리상자 속에 무성의하게 가둬놓은 느낌이다. 영원한 잠을 깨운 고인에게도 무례한 일이고, 나라 체면도 말이 아닌 것 같다. 그 뒤편으로 발굴 단면이 훤히 드러나 있다. 흙벽돌로 모서리를 쌓은 모습과 흙을 층층이 다진 판축(版築) 단면도 볼 수 있다. 본래 언덕인 곳의 테두리를 인공으로 쌓은 것이다.

▽ 시대별 피라미드 형태 일람표

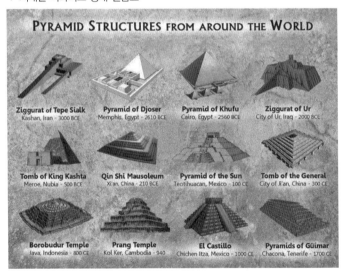

(출처: https://www.ancient-code.com/)

가이드의 해설에 의하면, 20세기 초 프랑스 고고학자가 본격 발굴하기 전에는 이곳이 귀신 나오는 곳이라 하여 동네사람들이 접근을 꺼렸다고 한다. 정상 부분으로 올라갔더니 뒤편으로 오래전에 하천이 흘렀을 것 같은 저지대가 나타났다. 그 주변으로 널따란 개활지가 있는 것을 보면 이 지역이 과거 한때는 엄청난 곡창지대였을 것 같다.

돌아와서 관련 자료를 검색해 보았더니, 이곳은 세계에서 가장 오래된 지구라트 유적이라는 것이었다(세계 피라미드 도표 참조).

그렇다면 지구라트의 용도는 무엇이었을까? 주변 지역에서 가장 높은 지대로써 제단을 만들어 하늘에 제사를 지내던 곳이자, 홍수가 날 경우 피난을 하던 장소라고 한다. 이를 통해 이곳 시알크 유적지는 기원전 5천 년 전쯤 고대문명이 번성했던 곳임을 능히 짐작할 수 있었다.

핀 정원(Fin garden), 지상의 파라다이스

푹푹 찌는 무더위 속에 핀 정원을 들어간다. 정문을 들어서자마자 딴 세상이다. 높은 사각의 담장 안에 녹음이 하늘을 가리고 산들바람이 느껴진다. 눈앞에는 사이프러스 나무들이 열병식을 하고 있다. 도열한 나무들의 정중앙에는 열십자형 수로가 나타난다. 수로로 인해 정원은 4등분이 된다.

여기서 숫자 4는 페르시아문명을 대표하는 숫자라고 한다. 이는 본래 물, 불, 공기, 흙의 네 요소를 뜻했다고 한다. 이후 고대 페르시아 정원에서는 십자가 세계를 네 지역으로 나누고 그 중앙에 분수를 배치했다고 한다. 이를 4중(四重)정원이라고 했고, 자연스레 이슬람 정원의 기원이 되었다고 한다(출처: 『세계의 정원-작은 에덴동산』, 시공디스커버리, 24쪽 참조).

핀 정원의 수로가 반짝인다. 사이프러스 나뭇가지 사이로 비친 햇살 때문만은 아니다. 가만히 들여다보니 송사리 떼가 지나가는 게 아닌가. 또한 얕은 수로 바닥에는 청색 파란 모자이크타일이 깔려 있다. 어느새 더위는 온데간데없이 사라진다.

졸졸졸 물소리가 점점 크게 들려온다. 수로의 물은 빠른 물살도 아닌데 어디서 물소리가 나는 것일까? 수로를 따라 중앙으로 가다 보니 물소리가 더 크게 들린다. 물소리의 정체는 분수였다. 수로 가운데를 따라 도열한 작은 분수들! 하나하나가 영락없이 수컷의 상징 귀두(龜頭)를 닮았다. 그 분수들이 쉼 없이 물을 뿜어내는데 솟구쳤던 물이 떨어지면서 경쾌한 물소리가 나는 것이다. 음악 이상이다. 만약 작은 분수들이 없었다면 결코 물소리가 나지 않을 것이다. 따라서 물소리도 정교한 연출인 것이다. 물길을 따라가다 보니 마치 손님 마중이라도 나온 듯 우아한 흰색 건물이 서 있다.

핀 정원은 사파비 시대(1501~1736)의 전통정원이다. 맨 처음 이곳에 정원이 들어서게 된 이유는 바로 뒤에 '솔레이만(유대 솔로몬 왕)' 온천수가 있었기 때문이란다. 이 온천수는 수천 년 동안 지내오면서도 물의 온도와 수량이 일정하다고 한다. 또한 이 온천수에 많은 무기질이 포함되어 있어 각종 질병을 치유 효과도 크다고 한다. 그 옛날 아리세나(Aricena)라는 한 유지가 이곳에 한동안 머물면서 목욕을 통해 자기의 불치병을 완치하고, 또한 온천수를 마시라는 신의 계시를 실천했더니 무병장수의 복을 누렸다는 일화도 있다.

당시 BC 5세기경, 이 온천수를 이용하여 약 7,000여 평의 부지에 정원과 온천욕장을 지었다. 이후 1574년에 지진, 1778년 아프간 침입으로 일부 파괴된 적도 있었으나 다시 정비하여 오늘에 이르고 있다. 핀 정원은 이란 전역의 대표 정원 11개를 포함하여 2011년 유네스코문화유산으로 지정되었다.

핀 정원은 사막 속 오아시스, 아니 지상에다 천상의 파라다이스를 재현해 놓은 곳이다. 물길을 따라 30m쯤 가면 흰색 건물 앞에 둥근 연못이 나타난다. 그 연못 속에는 물고기들이 오종종 떼를 지어 헤엄치고 있다. 수로 변 보도를 따라 걸어가면 뜻밖에 경쾌한 코러스도 울려 퍼진다. 좀 전의 물소리가 식전행사였다면 이 코러스는 본 공연이다. 본 공연의 악사들은 사이프러스나무 위에 있는 매미들이다.

이쯤에서 핀 정원의 평면도(그림)를 보자. 정원은 대체로 네모반듯하다. 오른쪽의 비대칭 담장과 왼쪽의 담장 밖의 부속건물들은 필요에 의해 증축한 것들이다. 당초 담장은 낙타 탄 사람이 건물 안을 넘어다보지 못할 정도의 높이였다고 한다. 담장은 정원 안의 안전을 담보하는 방범시설이기도 하지만, 사막에서 부는 건조한 모래바람을 막아주는 동시에 내부의 습도까지 유지해 준다.

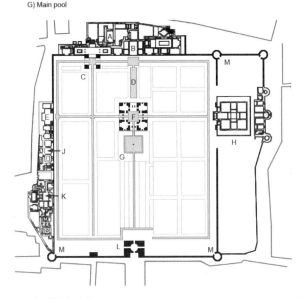

A) Women's pool
B) Shahneshin Room
C) Qajar pool house
D) Long pool
E) Library
F) Safavid pavilion
G) Main pool
H) Museum (modern)
J) Prayer room
K) Large bathouse
L) Entrance hall (Khan-e Sardar)
M) Ramparts

△ 핀 정원의 평면도 (출처: story of Fin Garden in Kashan–UNESCO SITE)

    담장의 모서리에는 원통형 망루가 있고, 남쪽 정면 중앙에 입구가 있
다. 입구를 들어선 뒤, 곧장 물소리를 따라 가면 중앙 축선 상의 수로이
다. 수로는 십자형으로 배치되어 있고, 그 교차지점에 정원 주인, 곧 왕
궁이 있다. 열십자 수로 사이의 네모난 공간은 꽃과 나무들의 공간, 즉
화원이다. 화원에는 관상용 화훼식물뿐만 아니라 왕실 가족들의 식사를

위한 다양한 채소도 심었다고 한다. 왕궁 뒤로는 여자들의 공간, 좌측으로는 기도실, 목욕탕, 도서관이 있다. 우측으로는 박물관, 예전에는 보물창고였을 것 같다. 전체적으로 보면, 형식은 피서산장 정원이기도 하지만, 이 정원 전체가 독립된 하나의 성채나 다름없다.

코란(76장)에 묘사된 파라다이스 정원은 이렇다. '비단옷을 입고 시원한 그늘에 앉아 은잔에 담긴 향기로운 샘물을 마시는 곳, 사철 열매가 달리는 과일나무가 있는 곳!'

그 밖에도 코란 속 정원 묘사는 아주 많다. 종합해 보면, 천국에는 네 개의 정원이 있고 이들을 네 개의 물길이 둘러싸고 있다. 거기서 '네 개의 정원─샤하르바그(Charbagh or Chahar Bagh)', 라는 독특한 정원 양식이 탄생한 것으로 요약된다. 최소한 네 개의 정원이 모여 하나의 정원을 이루는 형식은 이란에서는 일반적이라고 한다. 정원에는 장미, 백합, 튤립 이외에 석류, 대추야자 같은 유실수도 상당수 심었다고 한다. 다시 말해 이슬람 정원은 코란 속의 천국을 땅 위에 재현한 것이라 할 수 있다. 이쯤에서 정원을 노래한 페르시아 시인 루미(Jalāl ad-Dīn Muhammad Rūmī 1207~1273)의 시 한 편을 옮겨본다.

정경 그 너머

이 정원을 아름답게 하는 것은
그대의 얼굴입니까?
이 정원을 취하게 하는 것은
그대 향기입니까?
이 개여울을 포도주의
강으로 만드는 것은
그대의 영혼입니까?

수많은 사람들이 이 정원에서 그대를 찾아다녔고,
풍경 뒤에 숨은 그대를
찾아 헤매다 숨겨갔다오

그러나 그 고통은 연인으로 온 그대들을 위한 게 아니라오
여기서 그대는 아주 찾기 쉽다오
그대는 산들바람 속에도 있고,
포도주의 강물 위에도 있으니까요

이처럼 정원은 신앙과 더불어 연정(戀情)의 공간이기도 했다. 이런 이슬람 전통 정원은 아랍과 페르시아로부터 스페인의 알함브라 궁전, 모로코의 안달루시아 정원, 인도(무굴제국)의 타지마할 등지에까지 전파되었다고 한다. 천 년 전 무슬림에 의해 완성된 후, 스페인 남부와 시칠리아를 거

쳐 유럽으로, 또 한편으로는 인도에까지 유입된 것이다.

  한편, 핀 정원은 중국 강남의 전통 정원과도 상당히 닮았다. 우선 닮은 점은 독립된 별천지라는 점이다. 밖에서는 상상도 할 수 없는 낙원을 꾸며놓았다. 외부 침입을 막을 수 있는 높다란 외벽, 내부에는 휴식과 유흥의 공간으로 그들만의 파라다이스를 구현해 놓았다는 점도 흡사하다. 차이점은 핀 정원을 비롯한 이슬람 정원들은 기하학적 형식, 즉 4개의 대칭형 정원 형식인 반면, 중국 강남의 정원은 비대칭 형식으로 기암괴석과 연못이 불규칙하게 어우러진다는 점이다.

아비아네^{Abyaneh}, 살아있는 박물관 마을

아비아네 마을로 가는 길은 꼬불꼬불한 산길이었다. 버스를 타고 한참 동안 올라가고 내려가기를 반복했다. 살기 좋은 강가나 산기슭을 마다하고 왜 그들은 산꼭대기로 올라갔을까? 문명을 외면하고 원시로 돌아가는 것 같다. 버스가 가쁜 숨을 몰아쉬며 산모롱이를 돌아가자 건너편으로 마을이 나타났다. 계단식 집들은 하나같이 온통 붉은 빛이었다. 마치 주변으로부터 자신을 보호하기 위해 일부러 몸 색깔을 바꾸는 카멜레온 같다. 집들은 양지바른 남향이고, 계단식으로 어깨동무를 하고 앉은 듯이 아늑해 보인다. 맨 꼭대기 집들 위로는 울퉁불퉁 붉은 바위산이 솟아 있어 언뜻 보면 본래 산이었던 곳을 계단식으로 깎고 도려내서 한 채 한 채 집을 만든 것 같은 착각이 들 정도다.

분명 인공 구조물인데도 지극히 자연스럽다.

 마을 초입의 주차장은 비교적 최근에 만든 것 같았다. 이곳만은 마을
의 집들과는 다른 현대식 건축이 몇 동 있었다. 마을의 행정관청이고 전
시관으로 보인다. 광장은 동네 꼬마들이 공놀이를 하고 있는 평화로운
모습이었다. 관광버스가 도착했는데도 아랑곳없이 놀이에 열중이다.
 이곳 산정 마을 아비아네는 열흘간의 이란 여행에서 가장 인상적이었
던 곳이다. 이 마을은 살아있는 건축 박물관, 또는 인류학 박물관으로
불릴 정도로 유명세를 타고 있다. 마을의 역사가 무려 3천 년을 넘는다고
하니 스스로 이란의 전통문화를 증거하고 있는 셈이다.

아비아네 마을

아비아네 마을은 카르카스산의 북서 사면으로 해발 2,500m에 있다. 이스파한 주의 나탄즈(Natanz)로부터 40km 거리에 있고, 카산－나탄즈 고속도로와 연결되는 한잔(Hanjan)을 통해 진입한다. 아비아네, 아비아네 입속으로 되뇔 때마다 왠지 신비한 느낌이 든다. 음절에 받침이 하나도 없어 발음이 순하고 부드럽다. 무슨 주문(呪文) 같은 느낌이랄까? 일테면 '라일하하 일랄라 무함마단 라수루 알라'처럼 말이다. 아득한 원시, 현대 문명에 물들지 않은 순정함이 떠오르는 지명이다.

산정 마을인데도 불구하고 비교적 물이 풍부하다. 엄격히 말한다면 산 꼭대기는 아니고 바로 아래 8부 능선쯤이다. 그런데도 물이 풍부하다는 사실이 선뜻 이해가 안 된다. 해발 높이 3,799m 고산 카르카스 산이라 그런가 보다. 고산의 골짜기가 만든 개울과 수많은 샘들이 농사에 최상의 조건을 제공하는 덕분이라고 한다. 마을은 개울을 따라 조성되었고, 과거에는 외적 방어를 위해 커다란 세 개의 성채가 있었다고 한다. 또한 태풍이나 홍수를 막기 위한 고려도 되어 있다고 한다.

아비아네 건축의 특징

마을 전경은 마치 산의 품에 안겨있는 듯이 포근해 보인다. 집들의 외관이 황토색으로 주변 풍광과 잘 어울린다. 건물의 지붕들이 하나같이 평지붕이라서 그런 것 같다. 마을 안으로 들어가 골목길을 누비면서 아비아네 건축의 특징들을 알 수 있었다.

먼저 평지붕이다. 골목길에서 드러난 지붕을 보았더니 지붕 바닥도 황토 그대로이다. 가이드의 설명으로는 이곳 황토는 비에 젖은 다음 마르면 더욱 단단해진다고 한다. 평지붕이고 일조량이 많으니 이곳에서 곡식을 널어 말리기, 여름철 밤이면 친구끼리, 가족끼리 모이는 사랑방 역할도 한다는 것이다.

문득 얼마 전에 읽은 소설 『테헤란의 지붕(마보드 세라지. 민승남 옮김. 은행나무)』이 떠오른다. 이 소설의 무대는 분명 이란 수도 테헤란이고, 시대 배경도 이슬람혁명 직전 으스스한 민주화운동 시절이다. 하지만 제목에 나타나듯, 이란 사람들은 대다수가 '지붕'에 대한 추억을 공유하고 있다는 점이다. 소설은 주인공의 어린 시절, 지붕 위의 추억을 매개로 이야기를 풀어가고 있다. 주인공 파샤 소년이 흙집의 약간 경사진 흙지붕 위에서 별을 보며, 할머니에게 옛이야기를 듣거나, 단짝 친구와 어울려 짓궂은 장난을 치는 이야기가 나온다. 이 대목에서 필자가 자연스레 떠올린 추억이 있었다. 어린 시절의 여름밤, 고향집 안마당의 평상 위에서 할머니 무릎을 베고 도깨비 이야기를 듣던 추억이 떠올랐다. 이란 사람들에게 전통가옥의 지붕은 우리네 안마당이나, 또는 그 안마당에 놓인 멍석이나 평상과 흡사한 역할을 했다는 생각이 들었다. 이곳 산기슭 아비아네의 지붕들 역시 우리네 고향집의 안마당과 흡사하다는 생각이 들었다. 골목길에서 만난 히잡 쓴 할머니 얼굴에 우리 할머니 얼굴이 오버랩 된다.

벽체의 기초에는 석축을 쌓은 것도 보인다. 언뜻 보기엔 온통 황토벽돌을 쌓은 것 같다. 하지만 벽체마다 하단을 보면 1m 이상 높이로 석축을 쌓은 것을 알 수 있다. 이는 낙숫물에 벽체의 기초가 유실되는 것을 방지하기 위해서다. 하지만 외관을 아름답게 보이기 위해 황토로 미장을 했다. 현관문의 조각, 창문틀의 꽃창살 등을 보면, 조각이 정교하다. 아비아네 사람들의 예술적 소양이 대단한 수준이라는 걸 알 수 있다.

세대별 구분을 위해 건물 사이를 띄우지 않은 것도 독특하다. 마을 안에는 골목길을 제외하고는 대체로 건물들이 칸막이벽을 공유하고 있었다. 이럴 경우, 이웃 간에 생활 소음은 있을지라도 건축자재를 절약할 뿐아니라 보온 효과도 증대할 수 있다. 또한 비좁은 대지에 많은 사람들이 함께 살 수 있는 시혜가 아닐 수 없다.

집집마다 위층에는 베란다가 보인다. 여름철에 아주 시원할 것 같다. 이곳은 집집마다 여름철과 겨울철 거주 공간이 따로 있다. 겨울에는 춥기 때문에 가급적 지면 가까이, 또는 지하 공간에 거주한다. 대신 여름철에는 베란다가 있는 이층 공간을 이용하는 것이다. 실내 공간 이외에 집에서 가까운 언덕에 동굴을 뚫어 작업 헛간, 창고, 당나귀의 우리로도 이용한다고 한다. 사방팔방으로 정교한 개미굴이 떠오른다. 원시주거일수록 지면에 게딱지처럼 붙은 움집들이 많지만, 이곳 집들은 비교적 층고가 높은 2층, 3층 집들도 많다. 모르긴 해도 당초 이곳으로 이주해온 집단은 대목(도목수) 같이 장인들의 집단이었을 것 같다.

모스크, 아비아네의 구심점

마을 중앙에 모스크가 있었다. 안마당에 풀장이 있고, 그 둘레에 빙 둘러 회랑이 있다. 이스파한이나 쉬라즈에서 들렀던 모스크와는 사뭇 달랐다. 쉬라즈의 모스크에서 엄숙한 위엄이 느껴졌다면 아비아네의 모스크는 동네 사랑방같이 친근한 분위기다. 왜 그럴까? 우선 규모가 아담하여 위압적이지 않은 데다 모스크 속의 개별 공간들도 한데 어울려 있는 느낌이다. 만약 이곳 회랑에 붙어있는 기도실과 성인의 묘소가 없다면 모스크가 아니라 어느 부호의 여름별장으로 착각이 들 정도였다. 회랑의 동남쪽에는 커다란 창이 있었고, 창 너머로 보이는 파노라마에는 탄성이 절로 나왔다.

이곳은 1,400년 전쯤 조로아스터교를 믿는 페르시아 사람들이 집단 이주를 한 곳이라고 한다. 당시 침략 세력이던 아랍인들의 박해를 피해 한 무리의 사람들이 이주를 한 뒤, 천 년 이상 거의 고립되어 살아왔다고 한다. 그래서 이곳 사람들의 언어, 의복, 생활 풍속 등이 고스란히 옛 모습을 간직해 올 수 있었다. 천 년 동안 조로아스터교를 믿어왔지만, 약 4백 년 전부터 이슬람교의 영향이 스며들어 대다수 사람들이 지금은 이슬람교를 믿게 되었다고 한다.

더운 날씨인데도 이곳만은 시원하기 그지없다. 그래서 그런지 관광객들도 이곳에 와서는 제법 오래 머물고 간다. 관광객들 중에는 의외로 이란 사람들이 많았다. 입구의 기념품 가게 앞에서 이란인 중년 여인들을 만났다. 그녀들은 검은 히잡을 썼지만 화장을 아주 짙게 하고 표정들도 무척 밝았다. 우리의 관심 이상으로 그녀들이 우리에게 더 궁금한 게 많다는 눈치다.

'살람! 어느 나라에서 오셨어요?' 젊은 히잡 여인이 유창한 영어로 묻는다. '코리아!'라고 했더니 순식간에 집단 맞선을 보듯, 빙 둘러 모이는 게 아닌가.

그녀들은 미국 시카고에서 모국으로 관광을 나왔다고 한다. 그들은 이란 혁명 전에 소위 귀족층에 있던 사람들인데, 혁명이 일어나자 미국으로 탈출하듯 이민을 간 사람들이었다. 이민을 간 그들은 머지않아 고국으로 돌아올 줄 알았다고 한다. 하지만 그 세월이 무려 40년이 지났다고 한다. 철부지 소녀들은 어느덧 중년여인으로 변해버렸던 것이다.

육안(肉眼) 너머의 진실

'내 두 눈으로 똑똑히 확인했다니까 그러네!', 사람들이 논쟁을 할 때 곧잘 하는 말이다. 하지만 눈으로 확인했다고 해서 모든 진실이 드러나는 것은 아니다. 아비아네 마을에서도 그랬다. 가기 전에 론리플래닛 가이드북을 보고, 주최 측이 만들어준 자료집도 보았다. 또한 인터넷 서핑을 통해 관련 정보들도 충분히 얻었다고 생각했다. 하지만 돌아보고 난 뒤에는 더 많은 궁금증이 일었다.

그 궁금증이란(건축을 전공한 사람의 직업병이라 할 수도 있겠지만) 일테면 이런 것들이다. 지붕마다 튀어나온 통나무 서까래들, 대문에 사용된 두꺼운 판재들, 그리고 창문마다 커튼처럼 드리운 정교한 목재 창살들! 도대체 이 목재들은 어디서 조달했단 말인가? 마을 뒤쪽으로는 민둥산 산록이요, 마을 주변을 둘러봐도 띄엄띄엄 비쩍 마른 가로수들뿐이다. 또한 이곳 아비아네 마을은 애당초 신앙의 자유를 찾아 오지로 숨어들어온 사람들이었다. 다시 말해 보안을 유지하기 위해서 자급자족 경제이지, 외부와의 교역은 기피했을 것이다. 그렇다면 건축용 목재는 대체 어디서 조달했단 말인가?

해답은 구글어스를 통한 위성사진에서 찾았다. 위성사진을 보니 아비아네 마을의 전체 윤곽은 물론이고 주변 지형지물까지 한눈에 들어왔다. 아비아네 마을은 카라카스 산의 동남쪽 계곡을 따라 자리 잡고 있었다. 마을 뒤편으로는 황량한 민둥산이었지만, 마을 아래쪽에는 시퍼런 색깔이 나타났다. 계곡과 계곡이 Y자로 만나는 곳부터 시퍼런 색은 더욱 두껍게 나타나 있었다. 이곳은 분명 울창한 삼림이었다. 그제야 의문이 풀렸다. 집집마다 사용된 굵은 목재들은 이곳 숲에서 조달한 것이었다. 물론 장구한 세월 동안 아비아네 마을이 유지되는 동안 바로 인근의 숲들은 남벌을 면치 못했을 것이다. 그러다 보니 숲은 마을 주변에서는 점점

사라지게 되었던 것이리라. 언뜻 그 말이 생각난다.

'문명의 앞에는 숲이 있고, 문명의 뒤에는 사막이 있다.' 그렇게 볼 때, 21세기 지구 위의 사막들은 애당초 밀림이었을지도 모를 일이다. 따라서 '(육안으로) 보이는 게 모두가 아니란 사실'을 새삼 깨달았다.

정확히 말하자면, 아비아네 마을은 산정 마을은 아니다. 산꼭대기에 가까운 거의 7부 능선쯤의 양지바른 경사면에 자리하고 있다. 우리나라 전통마을이 대체로 산기슭에 자리하고 있는 것을 생각하면 우리와는 확연히 차이가 있다. 언뜻 생각하기에 산정 가까운 곳에 살면 식수 구하기도 어렵고, 겨울에 무척 추워서 도저히 사람이 못 살 것 같다. 그런데도 유럽이나 중앙아시아 쪽에 가면 의외로 산기슭보다는 산정 가까이 사는 사람들이 많다.

왜 그럴까? 우선 산정 가까이에서도 물을 얻을 수 있다는 점이다. 산이 높을수록 강설량이 많기에 그렇다. 특히 이곳 아비아네의 경우, 전통기술 카나트(Qanat-인공으로 만든 지하수로망)를 통해 식수 및 농업용수 조달이 가능하다. 또한 논농사가 아닌 밭농사를 함으로써 식량 조달이 가능하다. 비록 강수량이 적을지라도 밀, 보리, 귀리 등은 얼마든지 재배가 가능하다. 최소한의 물을 카나트를 통해 공급할 수 있기 때문이다.

또한 양, 염소 등을 사육하여 겨울에도 우유, 치즈, 베이컨 등 동물성 지방을 조달할 수 있고, 겨울철 난방을 위해 땔감 확보도 쉽다. 이곳은 마을 뒤쪽으로는 헐벗은 민둥산이지만 계곡 아래쪽에는 여전히 숲이 있기 때문이다.

식수와 농업용수

골목길을 걷다 보니 길옆에 인공터널이 보인다. 적벽돌로 정교하게 쌓은 아치형 입구에 서서 경사로를 내려다보았다. 지하샘물인 줄 알았는데 카나트(qanat)라고 한다.

독립된 우물이 아니라 아비아네 전체 지하수로망의 일부로써 지하저수조였다.

아비아네 마을에는 모두 7개의 카나트 수로가 통과하고 있다고 한다. 물론 이 물은 식수뿐만 아니라 농업용수로 사용된다. 이 물을 이용하여 산비탈 밭에는 밀, 보리, 귀리, 사과, 호두, 살구, 아몬드 등을 재배한다고 한다.

참 놀라운 지혜가 아닐 수 없다. 카나트는 사막에만 있는 줄 알았는데 이곳 산정 마을에도 훌륭하게 작동되고 있었던 것이다.

아비아네를 떠나며

한편 아비아네 골목길에는 검은 초상화들이 걸려있었다. 1980년대 초반, 이라크 전쟁(1980~1988) 당시 희생된 이 동네 출신 청년들이라고 한다. 대개 20대 초반으로 보였지만 아주 앳된 소년의 얼굴도 보였다. 이 소년병들은 전쟁 초기에 희생이 컸는데, 그 이유는 감수성이 예민한 소년병들에게 '죽으면 천당에 간다'는 말을 믿게 한 뒤, 이라크가 국경지대의 매설해둔 지뢰밭으로 내몰았다고 한다. 그 소년들이 온몸으로 지뢰밭을 청소(?)해준 바람에 이란 정규군이 이라크 내부로 진격할 수 있었다고 한다. 이 일화는 지금도 신화처럼 회자되고 있다고 한다.

아비아네 골목의 가로등에 걸려 있는 초상화들, 그중에도 신화의 주인공들이 있을 것이다. 내가 만약 초상화의 유족이라면, 또 한 동네 친구였다면 과연 기분이 어떨까? 설령 집안에 경사가 있더라도 어떻게 기뻐할 수가 있겠는가? 그래서 그런지 골목길에는 유독 노인들이 많았고, 그들의 표정 또한 그늘이 느껴졌던 것이다.

그러다 보니 나라 전체가 국상(國喪) 분위기라고 해도 과언이 아니다. 애써 무시하고 골목길을 누비면서도 기분이 영 개운치는 않았다. 마치 초상집에 초대된 것 같은 기분이 들기 때문이다. '산 사람은 살아야 한다!' 는 말처럼 과거의 슬픔은 빨리 잊고 오늘 현재의 삶을 누려야 할 것 아닌가.

여행을 하다 보면 잠시 머문 곳인데도 여운이 오래 남는 곳이 있다. 아비아네가 그런 곳이었다. 겨우 한나절을 보낸 곳인데도 화두처럼 남는 것들이 많았다. 화석처럼 오래된 마을인데도 기품이 넘쳐나는 곳, 황토벽돌과 통나무와 짚을 조합한 전통 건축인데도 지금도 여전히 그 전통을 이어가고 있는 곳, 주마간산 격으로 보고 왔지만 꼭 글로 남기고 싶은 도시였다.

다시 이란을 방문한다면 다시 아비아네에 가고 싶다. 그때는 이틀 정도 머물면서 그 사람들이 어떻게 사는지를 직접 체험해 보고 싶다.

낯설어도 훈훈한

네 번 째 도 시

이스파한, 잠들지 않는 영화榮華

나무 그늘 아래 시집 한 권, 빵 한 덩이, 그리고 포도주 한 병,
그대 또한 내 곁에서 노래하니, 오, 황야도 천국이나 다름없어라.

―오마르 하이얌(Omar Khayyam 1048~1131)

이스파한은 우리나라의 경주 같은 도시다. 페르시아 문명을 대표하는
도시, 실크로드에서 가장 번성했던 도시, 또한 외국 관광객들에게 가장
인기 있는 도시로써 도시 전체가 유네스코 문화유산이다.

이스파한은 수도 테헤란으로부터 340km 남쪽에 자리 잡고 있다. 우리
나라 기준으로 서울에서 경주 정도 거리이다. 2017년 인구는 약 200만
명으로 이란에서 테헤란, 마슈하드(Mashhad)에 이어 세 번째 도시이다.
테헤란이 우리나라 서울이라면, 이스파한은 경주, 이슬람 성지이자 혁명
성지기도 한 콤은 안동에 비길 수 있겠다.

이스파한은 교통 측면에서 보면 페르시아제국의 동서축과 남북축이 교차하는 십자로에 자리하고 있어 페르시아의 중심이라고 할 수 있다. 사실 이스파한은 실크로드의 중간 역참도시로서 최대의 번영을 누린 곳인데, 이상하게도 그 사실은 여전히 베일에 가려져 있는 것만 같다.

저녁 무렵, 이스파한 도심의 숙소 아바시(ABBASI) 호텔에 도착했다. 페르시아 왕궁을 본떠서 지은 줄 알았다. 알고 보니 현대식 캐라반사라이(Caravansary) 호텔이다. 다시 말해 캐라반사리이는 낙타 대상(隊商)들을 위한 여관으로 실크로드를 따라 25~30km마다 하나씩 있었다고 한다. 카라반사라이는 대개 장방형 2층 건물로 2층에는 상인이나 여행자들을 위한 숙소, 1층에는 화물창고, 주방, 낙타 우리, 건초 곳간 등이었다고 한다. 또한 페르시아 상인들은 한번 행차에는 화물을 실은 낙타가 보통 200~300마리까지 있었다고 한다. 또한 낙타 한 마리당 화물도 200kg 이상이었다고 한다.

가이드 말을 종합해보면, 약간의 허풍을 고려하더라도 캐라반사라이는 규모에 있어 동양의 역참(驛站)보다 훨씬 컸던 것 같다.

아바시호텔은 이맘광장처럼 내부에 장방형 광장이 있다. 중앙은 노천가든이 있고, 가든을 빙 둘러 객실이 배치되어 있다. 가든에서 뷔페식으로 저녁식사를 했는데, 식사 내내 중앙무대에서 페르시안 전통음악이 연주되었다. 해가 지고 나자 휘황한 조명등에 비친 분수들이 벨리댄스를 추는 느낌이었다. 우리 일행은 알코올 도수도 없는 맥주를 마셨지만 다들 분위기에 취해 상기된 얼굴들이었다. 마치 페르시아 왕궁에 초대된 외교사절의 일원이 된 것 같은 착각이 들었다.

이스파한은 16세기 페르시아 문명의 전성기, 사파비 왕조의 두 번째 수도였고, 당시 샤 압바스 왕은 이 도시로 천도하면서 철저한 계획도시로 건설했다. 기록에 의하면, 이스파한이 수도로 선정된 주된 이유는 도시를 가로지르는 자얀데 강 때문이었다고 한다. 남북축선 상에 직선도로 차흐라바그 거리(Chahar Bagh Street), 길 양쪽으로 가로수가 일품이다. 그 도로의 남쪽 끝이 자얀데 강이다. 당시만 해도 자얀데 강은 풍부한 수원과 강 주변의 기름진 농토가 있었다고 한다.

지금도 이스파한에는 400년 전에 지어진 건물들이 훌륭하게 보존되고 있다. 대다수의 건축물들이 대리석과 벽돌로 건설되었기 때문인데, 이맘광장과 부속건물들, 카쥬다리, 시오세폴 다리, 체헬소툰궁전, 아르메니아인들의 반크교회 등이 대표적이다.

이들 중에서 가장 대표적인 것이 바로 이맘광장이다. 이맘광장과 그 부속건물들을 살펴보면 페르시아 문명의 정수를 단시간에 압축적으로 볼 수 있다.

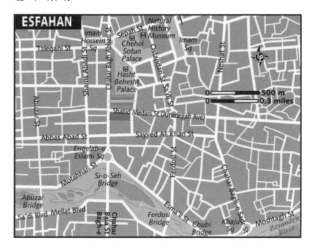

이맘광장, 세계의 절반

이맘광장은 '세계의 절반'이라고 불린다. 언뜻 생각하면 황당하기 짝이 없는 과장법 같다. 하지만 건물들을 차례로 둘러보면 어느새 고개를 끄덕이게 된다.

첫인상은 베르사유 궁전의 뜰을 연상하게 한다. 기하학적 평면에다 한가운데 연못, 좌우대칭의 조경수들로 인해 유럽식 공원 같아 보인다. 광

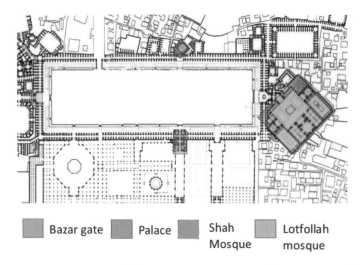

Bazar gate Palace Shah Mosque Lotfollah mosque

(출처: Maidan-i Imam, Isfahan, https://www.slideshare.net/)

장의 규모는 가로 512m, 세로 160m로, 대략 27만 평 넓이이다. 실제 광장에 서면 장방형 상자 속에 있는 것 같다. 전혀 갇혀있는 느낌이 들지 않는다. 그 속에서 높푸른 하늘을 보면 가슴이 뻥하니 뚫린다. 광장을 거니는 동안 행진곡이 들렸는데, 그 진원지는 광장 둘레를 돌고 있는 역마차들이었다. 마치 산골 아이들이 난생처음 단체로 시골 5일장에 나들이를 나온 기분이 들었다.

이맘 광장의 원래 이름은 낙쉐자한(Naqsh-e Jahan)이었다. 하지만 1979년 이슬람혁명 이후에는 도시마다 광장을 이맘광장으로 통일했다고 한다. 이슬람혁명으로 인해 광장의 개성이 사라진 것 같아 아쉬운 생각이

들었다.

이 광장은 16세기 후반에 최초로 지었고, 이후 아바스 1세가 폴로 경기를 위해 대규모로 증축했으며, 20세기에 들어 광장에 잔디를 깔고 분수를 만들었다. 광장은 다용도로 활용되었다. 신년행사인 노루즈(noruz), 정기적으로 왕과 귀족들을 위한 폴로 경기가 열렸고, 때로는 국제 바자로 변하기도 했다. 국제 바자를 위해 광장을 일정 단위로 구획하여 동서양 상인들이 제각기 텐트를 치고 좌판을 벌였는데, 외국인 상인들 중에는 인도 상인, 중국 상인들이 대다수를 차지했다. 지금으로 치면 국제엑스포 행사나 다름없다. 17세기 중반 무렵에는 이곳 바자가 이슬람권 최대 바자인 동시에 실크로드 노선 상의 최대 시장이었다고 한다.

지금은 이 광장이 중앙의 연못과 분수대, 그 주변의 잔디밭으로 변신하여 시민공원이자 자랑스러운 문화재로 변모했다. 2016년 현재 기준으로 중국 베이징의 인민광장에 이은 세계 2위 광장이라고 한다. 다음으로 광장의 네 면마다 위치한 중요한 건물들을 살펴보자.

알리카푸(Ali Qapu) 궁전

남쪽 중앙에 알리카푸 궁전이 있다. '알리카푸'는 페르시아어로 '으리으리한 정문'이라는 뜻이다. 이곳은 왕의 처소인 동시에, 높이 48m에 이르는 6층 규모의 빌딩이다. 4층에는 이맘광장을 한눈에 굽어볼 수 있는 전망대가 있다. 전망대에서는 주변국가의 외교사절들이 새해축제인 노루즈

(noruz) 행사나 폴로경기를 관람했다고 한다. 기록에 의하면, 사파비 왕조의 초대 황제인 압바스 1세가 1597년 노루즈 행사를 이곳 전망대에서 외교사절들을 초대해 관람했다고 한다.

또한 6층에는 방음설계가 된 음악실이 있다. 우리 일행이 이곳에 당도했을 때, 때마침 이란 여자 관광객들과 마주쳤다. 공교롭게도 한국말을 배우는 여자 대학생들과 그 가족들이었다. 히잡을 쓴 아가씨들인데도 눈빛이 호기심 천국이다.

'살람! 어디서 오셨어요? 우리는 코리아에서 왔어요!'

'안녕하세요! 우리는 ○○대학교 한국어과 학생들이에요!'

뜻밖의 만남으로 금세 웃음이 난무하고 분위기가 화기애애해졌다. 왁자한 소리에 다른 곳을 기웃대던 관광객들도 우리 쪽으로 모여들었다. 우리는 사진을 함께 찍고, 즉석에서 우리 민요 아리랑을 합창하기도 했다. 때아닌 합창공연을 관람하게 된 일단의 유럽 관광객들은 이란인과 한국인들이 함께 합창을 하는 진기한 광경을 경탄의 시선으로 지켜본 후 아낌없는 박수갈채를 보내주었다. 뜻밖의 아리랑 합창 플래시 몹(Flash mob) 행사로 국위선양을 한 것 같았다. '세계의 절반'에 어울리는 멋진 해프닝이었다.

샤 모스크(Shah Mosque)

모스크 속에 들어갔더니 카펫 바닥에 동글납작한 받침돌이 있다. 누군가 모스크의 가이드에게 돌의 정체에 대해 물었다. 그러자 즉석에서 스무고개가 벌어진다. 기도문을 외울 때 염주 대신 만지작거리는 돌 아닌가요? 일행의 엉뚱한 대답에 웃음이 터진다. 대체 돌의 정체는 무엇일까? 한쪽 옆에서 현지가이드 아민이 빙그레 웃고 있다. 힌트는 무슬림 사내들의 모자라고 한다.

무슬림 사내들을 보면 하나같이 터번이나 하얀 사발 모양의 모자를 쓰고 있다. 둘 다 삐죽한 챙이 없기는 마찬가지다. 사막의 뙤약볕 아래인데도 그들은 왜 챙이 없는 모자를 고집할까? 그 이유는 그들이 올리는 기도에 있다. 무슬림들은 기도할 때 메카를 향해 꿇어앉은 다음,

허리를 굽히고 이마를 맨바닥(카펫)에 닿게 절을 한다. 그때 자신의 이마가 닿은 자리에는 이 받침돌을 놓는다는 것이다. 살랏(salat)이라 부르는 이 돌은 진흙으로 만들어 '청결'을 의미한다고 한다. 어느 모스크나, 입구에는 한 바구니 가득 이 받침돌이 들어있는 걸 볼 수 있다. 간혹 무슬림들 중에 몇몇은 기도를 마친 뒤에 그 받침돌을 회수하지 않은 채 그냥 방치하기도 한다. 그런데 이 살랏은 수니파는 사용하지 않고 시아파만 부적처럼 사용한다고 한다. 다시 본론으로 들어가자.

모스크는 이슬람 사원으로 이슬람 건축의 꽃이다. 모스크의 입구는 이완(iwan)으로 불리는데, 자못 위압적인 아치가 덩그러니 솟아있다. 반쪽짜리 돔 형식으로 그 양쪽으로는 원통형 첨탑이 하늘 높이 솟아있다. 입구의 높다란 천정은 마치 정교한 벌집을 닮았다. 이슬람 모스크에서 예외 없이 볼 수 있는 이 천정의 이름은 '무카르나스(Muqarnas)'이다. 일설에 의하면, 이는 예언자 모함마드가 맨 처음 알라로부터 계시를 받은 장소인 동굴 천정을 상징한다고 한다.

그 아래에서 천정을 향해 고개를 곧추 들고 있으면 그 정교함에 감탄사가 절로 나온다. 얼마나 정교하고 빼어나게 아름다운지, 마치 현대건축을 조롱하는 느낌마저 받는다. 무카르나스는 구조적 역할은 없지만 모스크의 입구에서 언제나 맨 처음 손님맞이를 하는 장식인 것이다.

모스크는 두 개의 첨탑이 떠받치고 있었다. 모스크에 따라 2개에서 6

개까지 첨탑을 볼 수 있는데 페르시아에서는 대체로 두 개다. 탑 내부에서는 기도시간을 알리는 음악이 흘러나오기도 하는데, 본래의 기능은 사막의 여행자들에게 등대 역할을 하는 것이었다고 한다.

평면을 보면 모스크 건물이 기울어져 있는 것을 알 수 있는데, 그 이유는 모스크의 축선이 메카 방향을 향해있기 때문이라고 한다. 축선마저 메카를 향한다니 이들의 신실함이 느껴지는 대목이다. 그래도 광장에서 모스크의 정문을 보면 반듯하게 보인다.

정문을 지나 모스크 실내로 들어가자 장방형 홀이 나타났다. 중앙 축선인 키블라는 메카 방향을 향하고 있고, 그 끝에 미흐랍인 감실(龕室)이 있다. 모스크에서 가장 신성한 공간으로 무슬림들의 기도를 들어주는 알라신의 처소이다. 기도를 위해 모스크에 모인 무슬림들은 누구나 이곳 미흐랍을 향해 절하고 싶어 한다. 만약 무슬림 개인과 미흐랍 사이를 기둥이 가로막고 있다면 얼마나 답답할까? 여기에 이슬람 건축의 비밀이 있다. 모스크 안의 신도가 모두 미흐랍을 보고 기도를 하기 위해서는 기둥의 간격이 넓어지지 않으면 불가능하다. 그래서 이슬람건축에서 아치 구조가 획기적으로 발전하게 된 것이다. 그럼 아치에 대해 잠시 살펴보기로 하자.

아치는 잠들지 않는다(The Arch never sleeps)

'아치는 결코 잠들지 않는다.' 이슬람 건축을 말할 때 곧잘 인용하는 말이다. 그렇다면 대체 이 말은 무슨 뜻일까? 아치가 한시도 졸지 않고 제 역할을 다한다는 말이다. 달리 말하면, '아치가 눈을 부릅뜨고 있다'는 말이기도 하다.

아치는 로마제국 이전, 선주민 에트루리아인들이 발명했다. 그 이후 1세기 로마제국의 공공건축에 적극 도입되었다. 콜로세움, 판테온신전, 대수로, 개선문 등에도 다양한 아치 형식을 볼 수 있다. 1세기 로마제국 이전 그리스 건축이나 이집트 건축에서는 아치를 볼 수 없다. 일례로 파르테논 신전, 에렉티온신전, 이집트의 룩소르신전 등에서는 아치가 아니라 들보(lintel)를 사용했다.

들보는 아름드리 기둥 위에 수평으로 가로지른 형태를 하고 있다. 파르테논신전을 보면 기둥과 기둥 사이가 비교적 촘촘해서, 중앙부분은 2.4m, 가장자리는 1.8m 정도이다. 하지만 들보 대신 아치를 적용하면 기둥과 기둥 사이 간격이 몇 배로 늘어날 수 있다. 일례로 터키 이스탄불에 있는 소피아사원의 경우, 아치를 이용했기 때문에 대리석 기둥의 간격이 4m 정도가 된다.

그렇다면 20세기 철근콘크리트 건물의 기둥 간격은 얼마나 될까? 기본적으로 7~8m 정도가 된다. 건축기술에서 아치의 발명은 공간의 혁명을 가져왔다고 해도 과언이 아니다. 기둥 간격을 늘림으로써 그만큼 실내공간의 활용도를 증대시켰기 때문이다.

이슬람건축에서 아치를 적극 활용한 이유에 대해서는 몇 가지 가설이
존재한다.

첫째, 모스크에서 아치는 '신의 눈(eye of Alla)'으로 간주되었다고 한다.
실제로 말발굽을 닮은 마제형 아치는 흡사 신의 눈을 떠올리게 한다. 입
구에서부터 실내 공간의 기둥과 기둥 사이, 주랑의 연결 부분, 천정의 돔
부분, 아치와 아치의 변형 아닌 것이 없다.

둘째, 앞에서 언급했던 기도 중인 무슬림들은 하나같이 메카 방향을

가리키는 축선 키블라의 끝에 있는 성소 미흐랍을 응시하고자 한다. 모스크 안에서 기도 중인 무슬림들이 모두 다 미흐랍을 보기 위해서는 시야를 가리는 기둥이 없어야 한다. 이를 구조적으로 해결하는 최선의 방책이 무주(無柱)대공간 돔(dome)인 것이다. 돔은 아치가 360도 회전한 것이다. 따라서 이슬람의 모스크는 갈수록 돔의 크기가 늘어났던 것이다.

이렇게 보면, 건축기술의 역사는 기둥 간격이 늘어난 역사이기도 하다. 원시시대로부터 목조 기둥, 석조 기둥, 철근콘크리트 기둥, 철골조 기둥 등으로 발전해온 것이다. 페르시아 건축(이슬람 건축)은 아치를 다양하게 발전시킨 것으로 세계 최고라고 할 수 있다. 이곳 이맘광장에서 볼 수 있는 모스크, 왕궁, 그랜드 바자만 해도 다양한 아치의 경연장이라고 해도 과언이 아닐 정도다.

하렘, 바자르, 이슬람학교 등

북쪽으로 로트폴라(Lotffollah) 모스크가 있다. 이곳은 왕의 여인들이 머무는 하렘이다. 모스크의 색깔이 크림색이고, 모스크 양쪽에 첨탑도 없다. 광장에 면하고 있지만 광장으로 직접 통하는 문이 보이지 않는데, 지하로 건너편 왕궁과 통하는 비밀통로가 있기 때문이다. 사파비 왕조 시대에는 어느 외교사절에게도 공개된 적이 없는 공간이었지만, 지금은 일반인들에게 개방되어 있다. 내부 타일마감이 다른 모스크에 비해 화려한 편이었다.

　서쪽으로 카이사리 게이트를 지나면 그레이트 바자와 연결된다. 이곳
바자는 이스파한 최대의 재래시장이자 이슬람권 최대 시장이기도 하다.
지금도 여전히 활황을 유지하고 있는데, 그 역사가 자그마치 천 년을 넘
는다. 다시 말해 이스파한이 사파비 왕조의 두 번째 수도가 되기 훨씬
이전, 셀주크 왕조 때도 바자가 존재했다는 말이다.

한편 이슬람권의 바자는 단순히 시장 기능만을 하는 것이 아니라고 한다. 바자는 한 나라의 경제를 떠받치고 있는 금융센터 역할도 수행한다. 그 전통은 지금도 면면히 이어지고 있고, 상권을 주도하는 상인들이 경제는 물론 암암리에 정치권까지 좌지우지한다. 그래서인지 그랜드 바자르의 또 다른 명칭은 황제의 시장(Imperial Bazaar)이다.

다음으로 이슬람학교인 마드라사(Madrasa)가 있다. 이곳에서는 쿠란 강의는 물론이고, 천문학과 화학, 수학 등을 강의했다. 끝으로 광장의 우측 상단 모서리에 카라반사라이가 있는데, 이곳은 상인들과 여행자들을 위한 숙소이다. 이곳은 낙타를 따로 사막 길을 누비는 상인, 여행자들을 위한 유료 여관으로서, 언제나 모스크 근처에 자리 잡고 있다.

이곳에서 벌어들인 수익금으로 모스크를 운영했다고 한다. 지금은 호텔이 그 기능을 대신하지만, 옛날식으로 복원하여 관광객들을 맞이하는 곳도 많다. 물론 그곳에는 상인들뿐이 아니라 이들의 객고를 풀어주기 위한 만담꾼, 유랑극단은 물론, 매춘부들까지 몰려들었다고 한다.

그러고 보니 페르시아의 모스크 주변과 조선시대의 큰 사찰 주변도 비슷했던 것 같다. 큰 사찰 앞에는 으레 숙소인 객관도 있었고, 정기적으로 시장도 열렸다고 한다. 또한 상인들과 손님들을 대상으로 흥행을 펼치는 남사당패들도 있었다고 한다.

이상과 같이 이맘광장과 부속건물들을 살펴보았다. 건물들의 배치로 보면 이스파한뿐이 아니라 이슬람권 어느 도시든지 대동소이하다. 왕궁이 있고, 그 옆에 모스크, 바자, 이슬람학교, 카라반사라이 등이 한 도시의 기능을 책임진 종합세트인 셈이다.

이맘광장을 둘러 본 뒤, 북쪽 문을 통해 그랜드 바자를 찾았다. 쉴 새 없이 걸었더니 다들 피곤한 기색이 역력하다. 때마침 바자 모퉁이에 티하우스가 나타났다.

차이커네(Chai Kaneye), 이란인의 사랑방

관광명소나 유적들은 일종의 전시공간이라 이란 사람들의 생활을 엿보기에는 한계가 있다. 그래서 이맘 광장 인근에 위치한 티하우스 차이커네 아자데간(Azadegan)에 들렀다. 대낮인데도 이란의 소시민들로 북적였다. 들어가자마자 매캐한 담배 연기가 훅 풍긴다. 입구에서부터 물담배를 피우는 청년들이 빙그레 웃는다. 실내는 온통 골동품들로 넘쳐난다. 사방 벽에도 천정에도 골동품이 된 램프들이 빼곡해서 밀실공포증을 느낄 지경이다.

날씬한 청바지 종업원은 중앙에 널따란 테이블로 일행을 안내했다. 우리 테이블 옆에는 이십대 중반 연인 사이로 보이는 커플이 있었는데 나에게 눈인사를 한다. 호기롭게 말을 걸어보았다.
"영어 할 줄 아십니까?"

그러자 영어를 할 줄 안다며 반색을 한다. 이참에 더 만용을 부려본다.

"어여쁜 이란 아가씨, 가까이 앉고 싶은데 괜찮겠어요?"

나의 농담에 이란 청년은 껄껄껄 웃으며 환영한다고 한다. 대화를 이어갈 겸 우리는 한국에서 이란 관광을 왔고 대다수가 사업가들로서 일종의 시장조사 성격으로 여러 도시들을 답사하는 중이라고 소개했다.

우리와 이야기를 나누는 동안 아가씨는 홍차를 마시고 있고, 청년은 물담배를 피우고 있었다. 본의 아니게 두 사람의 얼굴을 가까이 들여다보게 되었는데, 이상한 것은 아가씨의 얼굴에 솜털이 거의 보이지 않는다는 점이었다. 나중에 현지 가이드 아민에게 물었더니 이란 아가씨들은 처녀성을 강조하기 위해 일부러 제모를 한다는 것이었다. 그렇다면 어디까지 깎는다는 말인가? 결혼식 직전에 겨드랑이털까지 온몸의 털을 깎는데 중요부위까지도 제모한다고 한다. 여행 후에 『페르시아의 신부』라는 소설을 읽었는데 제모에 관한 이야기를 아주 상세하게 묘사를 해놓은 걸 발견했다. 조금 길지만 여기에 옮겨본다.

마을의 제모사(除毛師)는 플로라의 다리에 녹인 설탕을 한 켜 얇게 바르고는, 옷 속에서 길고 거칠게 자란 다리털과 겨드랑이털, 포동포동한 허벅지 뒷부분에서 엉덩이 쪽으로 일사불란하고 길게 뻗어가던 검고 숱 많은 꽃털도 싹 없앴다. 제모사는 섬세하고 노련한 손길로 이름났건만, 플로라는 아파서 비명을 질렀다. 미리암 하눔의 응석받이 딸이 비명을 질러 제 명예에 먹칠을 하자 화가 난 그 여자는 일부러 손을 거칠게 놀려 상처까지 냈다. 그 바람에 플로라는 더욱 비명을 질렀다.
제모사는 등뼈부터 꼬리뼈까지 이어지다 허리에서 양쪽으로 갈라지며 곡선부를 미세하게 감싸고 있는 보드라운 털들을 작은 쇠족집게로 뽑았다. 그녀가 젖가슴 사이에서부터 어린아이 같은 귀여운 배 위까지 이어진 잔털을 뽑기 시작하자 플로라는 고문당하는 포로처럼 울부짖었다. 온 동네 여편네들은 깔깔거리면서 꾹 참으라며 수선을 떨었다. 깔깔거리는 소리는 점점 더 커졌다. 제모사는 녹은 설탕에 면실을 담갔다가 양 엄지와 검지로 가위처럼 꼰 뒤, 플로라의 콧수염과 귀밑머리 솜털을 제거하려고 그것을 위아래로 문질러댔다.

–『페르시아의 신부』, 도리트 라비니안, 서남희 옮김,

들녘, 2010. 75~77쪽

시오세(Si-O Se Pol) 다리

이스파한의 또 다른 명물은 다리들이다. 이스파한 남부를 가로질러 흐르는 자얀데 강 위에 아름다운 다리들이 여러 개 있다. 그중에서도 빼놓을 수 없는 게 시오세폴 다리와 카쥬 다리이다. 먼저 시오세폴 다리에 들렀다.

멀찌감치 바라보는 시오세폴 다리는 다리가 아니라 로마의 대수로교를 닮았다. 가까이 다가가 보니 다리에서 쉬고 있는 사람들이 수두룩하다. 다리 아래에도, 위에도, 관광객들보다 현지인들이 더 많다. 피서하러 나온 이란인 할머니, 할아버지들도 제법 많다. 그들의 표정이 하나같이 밝고 활기차서 좋다. 개중에는 으슥한 다릿발 아래에서 '돈 놓고 돈 먹기'를 하는 이들도 보인다.

시오세는 서른셋이라는 숫자이고, 폴은 다리이다. 우리말로는 33교. 다리를 받치는 아치형 교각이 서른세 개라서 붙여진 이름이다. 1602년에 완공되었다고 하니 400년이 훌쩍 넘었다. 다리의 길이는 298m로 비교적 짧지만 사파비 왕조 시대의 토목기술이 얼마나 대단했는지를 짐작할 수 있다. 이 다리 아래 전통찻집이 있고 그곳에는 물담배와 차를 즐기는 사람들이 많았다. 재미있는 점은 다리를 건너는 중에 소나기를 만나도 쉽게 피할 수 있다는 것이다. 다리 난간의 상부가 두꺼운 아치로 되어있어서 그 아래로 들어가면 그늘이 비를 막아준다. 다리 위를 걸어가면서 난간 아치 아래 한창 데이트 중인 청춘남녀들도 볼 수 있었다. 제아무리 남녀유별 이슬람국가라고 해도 청춘의 끓는 피는 막을 수 없는 모양이다.

그런데 실망스러운 점도 있다. 푸른 물이 넘실댈 줄 알았던 강이 허옇게 바닥을 드러내고 있었다. 가뭄이 심해 그런 줄 알았더니 아니고, 최근에 상류에 댐을 막아버려서 그렇단다. 안타깝기 짝이 없는 노릇이다.

한편 이 다리가 가장 아름답게 보이는 때는 언제일까? 석양 무렵이라는 가이드의 말에 누군가 어깃장을 놓는다.
'그 뭔 소리요? 뭐니 뭐니 해도 청춘남녀들에겐 휘영청 달밤이 최고요!'
다리는 강을 건네주기도 하지만, 때로는 사랑의 가교 역할도 하는 것이다. 졸시 한 편이 떠오른다.

다리

건너가는 게 아니라
받들어 건네주는

누워있는 게 아니라
걸려있는 게 아니라
나란히 어깨를 걸고, 온 힘살로
팽팽하게 버티고 서 있는

가끔씩 나도 누군가에게 착한 다리가 되고 싶다

반크 교회, 아르메니안들의 성지

이스파한에는 페르시아 이슬람의 문화유산들이 즐비하다. 주로 자얀데 강 위쪽에 있는데 위에 소개한 이맘광장과 부속건물들이 대표적이고, 체헬소툰 궁전은 생략하기로 한다.

이와 달리 반크 교회는 강의 남쪽 졸파지역에 있다. 이곳 교인들은 오스만제국에서 기독교에 대한 박해를 피해 1915년 집단으로 이주한 아르메니안들이다. 반크 교회의 박물관에는 생전 처음 들어보는 기독교 박해의 또 다른 역사가 있었다.

국적에 따라, 신앙에 따라 느끼는 강도는 제각각이겠지만 이곳은 맨정신으로 보기 어려울 지경이었다. 전시물 중에 가장 눈길을 끄는 것은 머리카락에 새긴 성경 구절이었다. 참혹한 박해에도 자신들의 신앙을 위한 처절한 노력에 박물관을 둘러보는 내내 가슴 한쪽에 통증이 느껴질 정도였다.

한편으로 사파비 왕조의 압바스 1세에 대해서도 놀라움을 금치 못했다. 그는 페르시아 문명의 부흥자이자 신도시를 설계하고 집행한 건축가였다. 아울러 무슬림이 아닌 아르메니아 기독교도들에게 타민족 기독교도 이방 종교에 대한 예술가였다. 그뿐 아니라 종교적 관용에서 있어서도 역대 어느 황제 못지않은 자애로운 황제였다.

이맘광장의 밤

오전 동안 비지땀을 흘리면서 이스파한의 곳곳을 누볐다. 날이 저물고 어둑해지는 시간, 숙소로 향하는 버스 안에서 누군가 제의했다.

'이맘광장의 야경을 보고 싶어요!'

그리하여 일행 중 희망자에 한해 다시 이맘광장을 찾았다.

광장에 막 도착했을 때는 사위가 어두워 한동안 어리둥절했다. 서서히 적응이 되고 보니, 진풍경들이 속속 드러났다.

광장 한가운데 연못이 있고, 그 주위 잔디밭에 군데군데 삼삼오오 가족들이 밤마실을 나와 있었다. 우리 일행은 1층 아케이드를 둘러보다가 계단에 잠시 앉았는데, 뜻밖에도 현지인 가족의 환대를 받았다(이 에피소드는 앞에서 소개한 바 있다).

만약 저녁 시간에 이맘광장을 찾지 않았다면 까맣게 몰랐을 풍경이었다. 그 풍경 속에 초대받은 따스한 느낌을 받지 못했다면 줄곧 이란을 이슬람 신정국가의 모습 그대로 생각하지 않았을까?

한편 이맘광장의 밤 나들이를 하는 동안 차도르에 대해 새롭게 느낀 게 있다. 검은색은 낮 동안은 표적처럼 선명하지만, 밤 동안은 보호색처럼 어둠에 스며든다는 사실! 검은색은 낮에는 구속이지만, 밤에는 무한 자유일 수도 있겠다는 엉뚱한 생각이 들었다. 그 느낌을 살려 졸시 한 편을 끼적여보았다.

차도르 여인

검은색은 침묵,
검은색은 상복(喪服)이라고
누가 그랬을까

차도르 여인은
새장 속의 새들 같다고
누가 그랬을까

거리마다 바자르마다
얇은 망토 속 얼비치는 관능
유채밭의 나비 같이 팔랑대는 행보

초행길의 조선 사내 하나
속절없이 달뜨게 하는 눈웃음
혜원(蕙園)의 그림* 속 쓰개치마 여인 같네

별밤의 복면 도적이 되어
과부보쌈 하듯 줄행랑치고 싶은
검은 유혹, 페르시안 나이트

---

*혜원 신윤복의 풍속화 '月下情人'

쉬라즈, 시詩 낭송에 취한 중년 사내

이스파한을 둘러본 뒤 쉬라즈로 향했다. 해거름 때가 되어서야 도착할
수 있었다. 십중팔구 외국에서 온 관광객들은 쉬라즈를 페르세폴리스로
가기 위해 잠시 들른다. 그래서 쉬라즈를 그냥 스치고 가는 경유지쯤으로
여긴다. 해거름 때 찾아와 1박한 뒤, 뒷날 아침 곧장 페르세폴리스로 직

행하는 식이다. 하지만 알고 보면 이 도시는 장미꽃과 정원의 도시이자 시인의 도시로 명성이 자자하다. 페르세폴리스가 페르시아 문명의 튼튼한 뿌리라 한다면, 이곳 쉬라즈는 페르시아 문명이 피워낸 향기로운 꽃이다. 특히 정원과 시를 좋아하는 현지인들에게 인기가 대단하다고 한다.

땅거미가 질 무렵, 쉬라즈 시내의 어느 식당 앞에 도착했다. 그런데 눈앞에 펼쳐진 쉬라즈의 첫인상은 예상을 벗어난다. 유서 깊은 고도(古都)를 기대했는데 뜻밖에도 현대식 건물들이 휘황한 조명으로 손님을 맞이하고 있다. 언덕 위의 쉬라즈 호텔이 단연 대표선수 같다. 금방이라도 광선검을 든 제다이가 나타날 것 같은 분위기다. 과연 이 나라가 미국을 비롯한 서방 세계와 오랜 단절을 겪었던가, 하고 의아해진다.

레스토랑 앞, T자형 교차로에는 시원한 분수가 물을 뿜는다. 초저녁 어스름 속에 원색의 조명을 받은 물줄기가 마치 벨리댄서처럼 춤을 춘다. 가까이 다가가니 물보라가 뺨에 스친다. 여름밤 보슬비처럼 차갑고 촉촉하다. 한여름 밤의 짜증이 순식간에 사라지고 이내 상쾌해진다. 그동안 중세 페르시아 제국의 도시를 누비다가 타임머신을 타고 현대 이란으로 순간이동을 한 느낌이다.

페르시안 레스토랑

저녁 메뉴는 이란 전통음식이다. 'Haft Khan Restaurant'라는 이름의 식당은 입구 장식부터 예사롭지 않다. 지하 계단을 따라 식당으로 들어갔더니 눈앞에 낯선 풍경이 펼쳐진다. 마치 몽골 초원에 있는 게르 속 같다. 식당의 천정이 하얀색 천막과 흡사하고, 그 아래 군데군데 작은 텐트들을 펼쳐놓은 듯하다. 그 텐트들마다 가족 또는 친구 단위로 둥그렇게 둘러앉아 식사를 즐기고 있다. 하얀 천정의 조명방식도 간접조명이다. 이 무슨 조화란 말인가. 엄연히 지하공간인데도 별밤의 초원 위 게르 속을 떠올리게 하다니!

테이블은 따로 없다. 널따란 카펫 위에 퍼질러 앉아 하는 밥을 먹는다. 그 모습이 들판의 목동들이 둘러앉아 식사하는 것 같다. 왁자지껄한 잔

치 분위기다. 문득 어릴 적, 여름밤 마당 가운데 평상 위에서 저녁밥을 먹었던 풍경이 떠오른다. 텐트마다 외관을 빙 둘러 반투명 망사 커튼이 드리워져 옆 텐트의 분위기도 힐끔거릴 수 있다. 자리마다 유쾌한 웃음 소리가 진동한다. 역시 이란은 가족 간에, 친구 간에 우애가 깊은 모양이다. 우리도 열 명 정도씩 둥그런 텐트 속으로 들어갔다. 메뉴는 스프에서부터 양고기 케밥 요리까지 코스 요리다.

식사 자리가 무르익어 갈 무렵, 어디선가 홀연히 음악소리가 들린다. 그 진원지는 뒤쪽 무대, 그곳에는 네댓 명의 연주자가 앉거나 서서 합주를 하고 있다. 비파를 닮은 이란의 전통악기 카만체(kamanche)와 피아노가 절묘하게 어우러진다. 갑자기 우리 팀의 한 분이 자리에서 벌떡 일어나더니 성큼성큼 무대로 나간다. 그러더니 음악에 맞춰 즉석에서 막춤을 춘다. 덩실덩실 춤사위에 여기저기 폭죽 같은 웃음꽃이 터진다. 가만히 보니 정체불명의 춤사위가 무언의 웅변 같다.

'(서양사람) 너희들은 춤을 배워야만 추잖아! 왈츠고 탱고고 블루스고 말이야. 물론 우리도 궁중무용 정도는 그렇지. 하지만 서민들은 그냥 출수도 있단 말이야! 가락 따라 신명이 오르면 곧장 일어나 사지육신을 흔드는 것! 그게 바로 춤이란 말이야!'

일행 모두 박수를 치는 동시에 다른 손님들도 덩달아 박수를 친다. 순식간에 세계평화가 이룩되는 서프라이즈 쇼였다.

식사를 후딱 마치고 슬그머니 자리에서 일어나 실내를 둘러본다. 카운터 쪽 선반에 각 나라 국기들이 진열되어 있는데 태극기는 없다. 일본 국기는 있는데 태극기는 없다니 왠지 푸대접을 받는 것 같다. 아직까지 이 도시를 찾는 우리나라 관광객이 많지 않다는 뜻이리라.

시인 하페즈

이란 사람들은 성지 순례하듯 쉬라즈를 찾는다고 한다. 그 이유는 바로 시인 하페즈(Muhammad Hafez 1326~1390)를 만나기 위해서다('허페즈'로 표기하기도 하지만, '하페즈'가 보다 밝은 음색으로 그의 시에 어울린다).

그는 이미 730년 전에 죽었지만 지금도 이란인들의 가슴 속에 감미로운 시 구절로 살아있다. 쉬라즈에서 하페즈의 영혼을 느낄 수 있는 그의 영묘가 있다.

우선 하페즈가 누구인지부터 소개해야겠다. 하페즈는 14세기의 서정시인으로 쉬라즈에서 태어나 쉬라즈에 묻혔다. 그는 이란인들이 가장 사랑하는 네 사람의 시인 중 한 사람이다. 현재 잘 나가는 시인도 알기 어려운데 아득한 과거의 시인을 사랑한다니, 먼 동방에서 온 나그네에겐 불가사의한 일이 아닐 수 없다. 생몰연대 기준으로 치면 우리나라 고려 말에 해당되고, 굳이 비슷한 시인을 찾아본다면, 고려 말의 삼은 중 하나인 목은 이색 정도가 될 것 같다. 조금 더 거슬러 올라가서 찾는다면 자칭 시귀(詩鬼)라고 불렸던 이규보(1168~1241)를 들 수 있을 것 같다. 하페즈도 이규보도 시에 살고 시에 죽을 정도로 시에 대한 열정이 넘쳤으니까 말이다.

하지만 그 인기는 천양지차이다. 하페즈는 이란 사람들이 몇백 년이 지난 지금까지도 그의 시집을 끼고 살 정도로 사랑받는 반면, 이규보는 국문학도나 60대 이상 어른들이 상식 정도로 알고 있을 뿐, 대다수 일반인들은 이름조차 가물가물하다. 하물며 그의 작품이야 말할 나위가 없다. 굳이 우리나라에서 하페즈의 맞수를 찾는다면, 아무래도 소월이 될 것 같다.

현지인도 아닌 필자는 왜 이른 아침부터 하페즈의 무덤을 찾아가고 싶어 했을까? 이규보 시인의 무덤 소재지도 모르는 판에 참 주제넘은 일이다. 주된 이유는 그의 인기의 실체를 확인하고 싶었기 때문이다. 본래 제나라 자랑거리를 외국인에게 소개할 때는 과장하기 마련이다. 그래서 과연 어느 정도인지 그의 무덤을 찾아가 확인하고 싶었다. 몇백여 년 전의 시편들에 대한 궁금증도 있었다. 기실 시는 유행가와 흡사하다. 흘러간 옛 노래는 흘러가야만 하는 게 순리이다. 그런데도 불구하고 유독 하페즈의 시편들은 여전히 사랑받고 있단 말인가?

이른 아침 택시를 타고 하페즈 영묘로 향했다. 택시는 한산한 거리를 질주하듯 달렸다. 꽃과 정원의 도시라고 하더니, 가로변에도 초록으로 덮인 곳들이 많았다. 불과 15분 만에 하페즈 무덤 앞에 도착했다. 하페즈 무덤은 유료 공원이었다. 입구에는 투시형 철대문이 잠겨 있었다. 정문 좌측에는 매표소가 있고, 매표소 앞에는 50대 중반으로 보이는 뚱뚱보 아줌마 대여섯 명이 줄을 서 있다. 아직 개방 시간이 10여 분 남았다. 매표소 쪽으로 다가가자 아줌마들이 환하게 웃는다. 그들은 옆구리에 두꺼운 양장본 책을 끼고 있었다. 당연히 쿠란(Quran)이겠거니 생각했다. 그런데 한 아주머니가 책을 펼치고 있는 걸 어깨너머로 보니, 꼬부랑 글씨인데도 들쑥날쑥 행갈이로 된 지면이다. 해독은 못해도 운율이 느껴지는 글, 운문인 걸 알겠다. 그 책은 바로 하페즈 시집이었다. 우리가 한국에서 하페즈 무덤을 찾아왔다고 손짓을 했더니 히잡 쓴 아줌마들이 일제히 친인척을 만난 듯이 반겨주었다.

"아하! 하페즈 시집이군요. 시집을 좀 보여주실 수 있습니까?"

넉넉한 풍채에다 환한 웃음으로 웃으며 책을 넘겨주었다. 꼬부랑 글씨 일색이라 단 한 글자도 읽을 수 없지만, 이란 사람들이 얼마나 하페즈의 시를 좋아하는지 짐작이 갔다.

이윽고 문이 열렸다. 하페즈 무덤은 높은 언덕 위에 있었다. 정면 계단을 올라갔더니, 팔각형 정자 안에 옥색 대리석 관이 무릎 높이로 놓여 있다. 대리석 석관 윗면에서 시구로 보이는 글이 부조되어 있다. 매표소에서 만난 아줌마들도 대리석 관에 새겨진 글씨를 쓰다듬기 시작했는데, 그 태도가 너무나 진지하다. 죽은 시인과 교감하는 듯한 묘한 느낌이 들었다. 어떤 이는 탑돌이 하듯 석관 둘레를 맴돌기도 한다.

무덤 뒤쪽에는 기념품 가게가 있었다. 안쪽으로 들어서자 다양한 판형의 하페즈 시집들을 팔고 있었다. 호화양장본부터 손바닥에 쏙 들어오는 미니 책, 전집에서 다이제스트 판까지, 원어와 영어를 병기한 책까지, 또한 영어, 스페인어, 독일어 등 외국어 버전도 다양했다. 영어판 시집 한 권을 사서 다시 무덤 쪽으로 왔다.

대리석 관 앞에 반팔 붉은 티셔츠 차림의 중년 사내가 서 있었다. 붉은 티셔츠 대신 흰색 전통코트였다면 이슬람 사제가 기도를 하고 있는 폼이다. 그 사내는 완전히 도취된 얼굴로 하페즈의 시를 나지막이 낭송하고 있는 게 아닌가? 뜻은 알 수 없지만 그 정경 자체가 감동이었다. 하마나 하고 기다렸지만 낭송을 마칠 낌새가 보이지 않는다. 나는 염치불구하고 살짝 그의 등을 두드렸다.

"실례합니다. 영어 할 줄 아십니까? 당신의 낭송을 방해하여 대단히 죄송합니다.

저는 한국에서 왔는데, 하페즈의 명성은 익히 들었던 터라 꼭 한번 이곳을 찾아보고 싶었습니다. 어떤 연유로 이른 아침부터 이곳에 와서 시를 읊고 계십니까?

당신이 조용히 시를 읊조리는 모습을 보고 어지간히 감동받았습니다. 실례가 아니라면 연유를 조금 설명해주시면 감사하겠습니다."

그러자 사내는 낭송을 잠시 그치고, 나를 돌아보고 싱긋 웃으며 말했다.

"네, 저는 테헤란에서 조그만 회사를 운영하는 비즈니스맨입니다. 주말을 맞아 하페즈 무덤에 들렀습니다. 일 년에 한 번 정도 이곳을 찾아와 그의 시를 낭송하지요. 그때마다 허전했던 가슴에 새로운 에너지가 차오르는 느낌입니다."

"놀랍습니다. 죄송하지만 당신이 좀 더 소리를 높여 시를 읊어 주시면 좋겠습니다. 뜻은 모르지만 그 운율이라도 느껴보고 싶습니다."

그는 흔쾌히 소리를 높여 낭송했다. 잠시 동안 나는 눈을 감았다. 그 운율의 리드미컬한 진동이 내 가슴에도 스며드는 느낌이었다. 눈을 뜨자 어느새 사람들이 석관 주위로 빙 둘러 서 있었다. 개중에는 무릎을 꿇고 석관 위를 손으로 쓰다듬는 이도 있었다.

여기서 하페즈의 시 한 편을 소개하기로 한다.

부인, 아침이니 해장술(卯酒) 한 잔 주오
하늘의 운행은 늦는 법이 없으니 서둘러주오
이 덧없는 세상 몰락하기 전에
불그스레한 포도주 한 잔으로 우리를 망가트리구려.

동방에서 술잔, 포도주의 태양이 떠올랐으니
그대, 즐거움을 위해 잠을 줄여야겠소
어느 날, 우리네 진흙으로 하늘이 주전자를 만들어
조심하구려, 우리네 해골이 포도주로 가득 찰 터이니.

우린 고행, 회개, 실없는 소리일랑 하지 않는다오
우리에게 순수의 술잔으로 말해주오.
하페즈! 술을 숭배함이 선행이니
일어나 선행을 향해 결심을 굳혀보구려.
　　　　　　－〈페르시안 소네트 신비의 혀-하페즈시집〉 중에서

하페즈 영묘에서 이란인들의 하페즈 사랑을 십분 알 수 있었다. 놀라
운 것은 그가 남녀노소에게 고루 사랑받는다는 사실이다. 비록 하페즈

영묘에서 40분 남짓 머물렀지만 이란인들의 하페즈 사랑을 현장에서 확인할 수 있었다.

△ 하페즈 시집 표지

우선 하페즈의 시에는 이슬람의 금기인 '포도주'가 등장한다. 하페즈가 살았던 시대에는 포도주가 용인되었다는 뜻이리라. '꿩 대신 닭'이다. 비록 지금 사람들은 비록 술은 못 마시지만 하페즈 시편의 포도주에 흠뻑 취할 수 있다. 실제 '포도주 없이 하페즈 없다'는 말이 있을 정도다.

다음으로 신을 빙자하여 연애 감정에 취할 수 있다. 하페즈의 시에는 신이 단골이다. 다시 말해 조선시대 충신연주지사(忠信戀主之詞) 시편들에서 임은 임금이기도 하고 연인이기도 하듯이, 하페즈 시편에서 신은 곧 연인으로 변주될 수 있기 때문이다.

또 한 가지가 있다. 하페즈의 시를 낭송하면 이슬람 신비주의, 일명 수피즘(sufism)이라는 종교적 황홀경에 취할 수 있다는 점이다. 그의 대리석 석관을 쓰다듬는 사람들을 보면, 쿠란이 채워주지 못하는 영적인 감흥에 도취를 능히 짐작할 수 있었다.

고대 유적만이 그 나라 문명의 전부가 아니다. 그들의 뿌리 깊은 정신, 심성을 알아보려면 그들의 고전 문학을 알아야 한다. 하지만 짧은 시간에 그 방대한 문학 세계를 어떻게 접근한단 말인가? 가장 짧은 시간에 쉽게 이란인의 심장에 다가가는 방법은 하페즈의 시를 읽는 것이다. 그러고 보니, 쉬라즈의 명물인 정원도 포도농원도 하페즈 시편들을 빛내기 위한 근사한 들러리로 느껴졌다.

페르세폴리스는 알렉산더대왕의 금고였을까

전쟁은 누가 옳은지를 가리는 게 아니라 누가 남는가를 가리는 것이다.
－버트란드 러셀(Bertrand Arthur William Russell 1872~ 1970)

△ 기원전 500년경 페르시아제국의 영역

　이란이 물 위에 드러난 빙산의 일각이라면, 페르시아는 물속에 잠겨
있는 빙산의 몸통이다. 사전에 의도한 것은 아니었지만, 9일간 일정의 이

란 여행을 따져보니 답사 지역의 비율도 비슷했다. 전체 일정에서 페르시아 유적을 80% 이상 보았다면, 이란의 그것은 20% 미만을 본 것이다.

맨 처음 구약성경의 무대 하마단에서부터 카샨의 피서산장 핀정원, 고대 페르시아 문명의 활화석 같은 아비아네를 둘러 보았다. 다음으로 사파비 왕조의 수도 이스파한, 중세 시인 하페즈의 도시 쉬라즈, 다리우스 황제의 페르세폴리스, 그리고 사막 도시 야즈드까지 일곱 개 도시가 페르시아 제국의 도시들이다. 나머지 한 개 도시가 이란의 현재 수도인 테헤란이기 때문이다.

이곳 페르세폴리스는 페르시아 제국의 전성기 문명을 대표하는 유적이다. 비록 알렉산더 대왕의 동방원정에 희생양으로 멸망을 맞았지만 그 영화를 확인하기엔 지금도 충분하다.

페르시아는 동쪽의 인도와 서쪽의 아나톨리아반도, 북쪽으로는 카스피 해, 남쪽으로는 페르시아 만을 둘러싼 거대한 이란고원에 자리 잡고 있다. 이런 지리적 여건으로 인해 유사 이래 서양과 동양을 잇는 중간지대, 실크로드의 본 노선상에 위치하여 인적, 물적 교류가 활발했던 지역이다. 그러나 이런 지리적 중요성에도 불구하고 서두에 언급했듯 이슬람 혁명(1979) 이후 세계인의 눈 밖에 나는 바람에 마음에서도 멀어졌었다.

페르세폴리스

'건물의 규모는 권력의 규모에 비례한다.'는 말이 있다. 고대 절대왕조의 경우는 더욱 그렇다. 아시다시피 고대 왕도(王都)의 건물들은 예외 없이 으리으리했다. 권력의 위용을 한껏 과시하여 백성들은 양처럼 순하게 길들이고, 제후국들의 신민들을 주눅 들게 해서 꼬박꼬박 공물을 바치고, 감히 반역할 엄두를 못 내도록 하기 위해서이다. 말하자면 거대 건축물일수록 가장 효과적인 선전선동 (propaganda) 전술인 것이다. 절대권력 진시황의 아방궁과 병마용도, 이집트의 룩소르 신전과 피라미드, 로마제국의 콜로세움, 루이 14세의 베르사유 궁전 등이 좋은 예이다. 이곳 페르세폴리스도 다리우스 대왕의 권력을 증거 하는 좋은 본보기이다. 페르세폴리스는 고대 페르시아 유적 중 단연 1위로 꼽힌다.

△ 페르세폴리스 전경

　쉬라즈에 들러 이른 아침 숙소를 출발하여 10시경에 페르세폴리스에 도착했다. 현장은 기대 이상으로 거대했지만, 관람 절차는 의외로 간단했다. 관람권을 단체로 구매한 뒤, 입구에 있는 모형 배치도 앞에서 현지 가이드 아민의 설명이 있었다. 가뜩이나 껑충한 키에 목소리까지 잔뜩 힘이 들어가 있다. 숫제 이제까지 보았던 것은 페르세폴리스의 예고편에 지나지 않았다는 투다.

　페르세폴리스는 평야와 야트막한 라메트 산이 만나는 산기슭에 자리잡고 있다. 산의 5부 능선쯤을 단계별로 절단하여 3층의 테라스를 만든 걸 알 수 있다. 페르세폴리스 궁전이 정면으로 보이는 광장에 가설 전시관이 있는데, 말이 전시관이지 허름한 창고라 해도 과언이 아니다. 먼지가 덕지덕지 앉은 축소모형 앞에서 아민이 일장연설 열변을 토한다. 아무리 이곳이 유네스코 세계문화유산이라고 해도 관람객들은 전시 상태를 보고 선입견을 갖게 마련이다. 때가 꼬질꼬질한 모형 앞에서 아무리 열변을 토한들 그 실제 유적이 대단한 것이라고 누구 인정할 수 있겠는가 말이다. 섣부른 판단인지는 몰라도 이슬람신정공화국 이란은 7세기 이슬람 이전의 유적이나 유물에 대해서는 홀대한다는 느낌을 지울 수가 없다. 일전에 카샨의 시알크 유적에서도 그랬고, 아비아네에서도 그랬다. 과연 정말 그런지는 더 두고 볼 일이지만 말이다.

페르세폴리스는 그리스어로 '페르시아인들의 도시'라는 뜻이다. '페르시아+폴리스'의 조어로 페르시아 고유 명칭은 '잠시드의 왕궁 Throne of Jamshid)'으로 불린다. 20세기 초까지 이 유적의 존재 자체는 알려져 있었으나 그 정체는 베일에 싸여 있었다. 이후 독일, 프랑스, 미국 등의 고고학자들의 발굴에 의해 다리우스 왕이 건설한 왕도라는 사실이 드러났다. 이로써 그리스의 아크로폴리스와 비교된다는 뜻으로 '페르세폴리스'라는 이름이 낙하산(?)처럼 내려와 굳어지게 되었다. 말하자면 외국 고고학자들의 취향에 따라 일방적으로 정해진 이름인 것이다.

이 도시는 당초 다리우스 대왕이 BC 518년에 착공하여 후대 3~4대 왕들까지 180여 년 동안 건설했다고 한다. 다리우스 대왕 당대에는 수도(왕궁)가 3곳에 걸쳐 있었다고 한다. 겨울수도 수사(SUSA), 여름수도 하마단 (Ecbatana), 그리고 봄 수도이자 의전행사용 궁전인 이곳 페르세폴리스. 이곳은 이란 파르스 주의 주도 쉬라즈(Shiraz)에서 북동쪽으로 60km 떨어져 있다. 배치도에 의하면, 굵직굵직한 건물이 8개 정도가 위치해 있다.

가이드 아민의 페르세폴리스 예찬은 다리우스 대왕의 치적으로 이어진다.

'다리우스 대왕의 업적은 사실 과소평가되어 있습니다. 내친김에 다리우스 대왕의 위대한 정책 몇 가지를 소개하겠습니다.' 그의 이야기를 바탕으로 관련 자료를 조사하여 다음에 정리해 둔다.

첫째, 페르시아제국 전역을 122개 주로 나눈 뒤, 제각기 샤트랍

(satrapies)이라는 지방총독을 선임하여 전권을 맡겼다. 엄밀히 말해, 중세 봉건시대의 원조라고 할 수 있다.

둘째, 세금징수 체계 확립이다. 물론 이는 지방총독의 고유임무 중 하나로써 지방에서 거둔 세수를 수도인 수사(Susa)로 옮기기 위해서는 운송망이 전제되어야 하는 것은 불문가지이다.

셋째, 광대한 제국에 고속도로인 왕도(Royal Road)를 건설했다. 도로를 건설한 이후, 30km 마다 체크포인트 성격의 역참을 두고 우편업무, 병력 출동, 대상의 안전한 이동까지 원활하게 유지되도록 했던 것이다.

넷째, 대왕의 '눈과 귀'라는 첩보조직을 운영했다. 이는 지금의 혁명수호대 성격과도 흡사하다고 할 수 있다.

다섯째, 새로운 2개의 수도를 건설했다. 하나는 행정수도인 수사, 하나는 의전용 수도인 페르세폴리스였다. 그 외에도 이루 헤아릴 수 없는 치적들이 있지만 이상 다섯 개만으로도 충분히 인정할 수 있겠다. 그의 업적을 한 마디로 평가한다면, 페르시아제국에 의한 국제평화(Fax-Persia)라고 능히 말할 수 있을 것이다.

가이드의 해설이 끝나고 뙤약볕 아래 페르세폴리스 정면에 섰다. 잠시나마 타임머신을 타고 2,500년 전 다리우스왕(522~486 BC)의 시대로 왔다. 기왕이면 머나먼 고조선에서 다리우스(Darius 1) 왕께 공물을 바치러 온 사신이 된 기분이었다.

테라스 상단으로 올라가는 계단이 완만한 경사를 이루고 있었다. 양측으로 대칭 계단에다 경사도가 10%쯤 될까? 너무나 완만하여 마치 노인 요양원의 경사로를 떠올릴 정도였다. 이 경사를 완만하게 만든 이유에 대해서는 왕족과 고위관료들이 말을 타고 능히 오를 수 있도록 한 것이라는 설, 계단 정면과 양측으로 도열한 외국 사신들을 향해 (발걸음에 신경 쓰지 않고) 손을 흔들며 걸어 올라갈 수 있게 한 것이라는 설이 있다. 계단이 끝나자 또 다른 계단이 나타났고, 그 뒤로 하늘을 향해 열주들이 장창을 꼬나 쥔 용맹한 전사처럼 서있다. 우뚝 선 기둥 위로 다리우스 대왕의 '불멸의 부대 임모탈(Immortal)'이 오버랩 된다.

임모탈은 다리우스 대왕의 친위부대의 이름이다. 일전에 유명했던 영화 〈300〉을 떠올려 보시라. 이 영화는 기원전 480년, 페르시아 100만 정예부대와 스파르타 300명의 전사가 테르모필레 전투에서 맞붙어 스파르타군 전원이 장렬하게 몰사한 사실을 그렸다. 스파르타군의 값진 희생 위에 그리스 연합군이 최후 승리를 쟁취한다는 이야기다. 하지만 이 영화는 서양우월주의 시각에서 실제 역사를 지나치게 왜곡했다는 비판을 받기도 했다. 여기서 스파르타 군대에 맞서는 페르시아 군대가 바로 '임모탈(Immortal)'이다.

임모탈 부대의 정원은 1만 명이었다고 한다. 만약 전투에서 사망자나 부상자가 생겼을 때는 즉각 그 인원만큼 새롭게 충원하여 항시 1만 명을 유지했다고 한다. 임모탈의 전사들에는 페르시아 병사뿐만 아니라 메디아, 엘람왕국 등 속주에서 뽑힌 우수한 병사들도 있었다고 한다. 이 사실은 헤로도토스의 『헤로도토스 역사』에 기록된 내용인데, 정작 안타까운 점은 '임모탈'이 페르시아어로 무엇인지는 알려지지 않았다는 점이다. 이유인즉, 전쟁으로 인해 사서들이 멸실되는 바람에 이름 역시 사라졌기 때문이라고 한다.

그렇다면 페르세폴리스는 어떤 용도로 쓰였을까? 아케메네드 왕조에서 왕의 즉위식이나 외교 사절들을 위한 의례용 수도로 건설되었다는 설과 이슬람력 신년 행사인 노루즈 축제와 매년 주변 제후국들에서 온 사신들이 대왕을 알현하는 곳, 즉 영빈관이었다는 설이 있다. 하지만 고고학자들의 그럴듯한 가설일 뿐이라 동의하지 않는 학자들도 있다. 그 근거로 의전 용도로 사용된 기록이나 유물이 발굴되지 않았다는 점을 들고 있다.

건축구조

8개 건물의 테라스에는 하늘을 떠받칠 듯한 기세로 석조기둥들이 남아있다. 제법 거리가 떨어져 있는 데도 고개를 한참 쳐들어야 한다. 기둥 높이가 무려 24m에 이르기 때문이다. 멀리서 보면 미끈한 원통형 기둥이지만 가까이서 보면 마디가 있다. 즉 통째로 가공한 기둥이 아니라 2m 정도 길이의 토막 기둥들을 레고블록 쌓듯이 이어놓은 것을 알 수 있다. 그 증거로 널브러져 있는 기둥들 잔해를 보면, 기둥 단면 중앙에 이음장

치를 볼 수 있다. 소위 주먹장부 이음으로 한쪽에는 구리재질의 촉(凸)이 있고, 다른 한쪽에는 요(凹)자 형 홈이 있다. 또한 구리재질의 촉을 고정하기 위해 촉 주변으로 납을 끓인 것을 부어 고정했다는 사실도 확인할 수 있다.

기둥머리인 주두(柱頭)는 황소머리 장식이 양쪽으로 달려있다. 가운데 안장처럼 움푹한 곳에 목조로 된 들보(梁)가 걸쳐졌다고 한다. 황소머리 주두 위에 장방형 들보를 걸치기 위해서는 건물 천장이 황소 뿔 높이 이상으로 높았을 것이다.

그렇다면 대체 건물 층고를 왜 그렇게 높게 했을까? 층고가 높으면 건축부재들을 올리는 작업이 대단히 어렵다. 하물며 타워크레인도 없었던 2,500여 년 전에는 말할 것도 없다. 천정과 지붕을 떠받칠 들보는 어떻게 들어 올렸을까? 궁금증이 꼬리에 꼬리를 물고 일어난다.

△ 레바논 국기-침향목(cedar)

그리고 이렇게 층고가 높으면 천정과 지붕은 어떤 재료들을 사용했을까? 고고학자들의 발굴에 의하면, 현장에서 불에 탄 목재들이 드러났는데, 그 두께가 30~60cm에 이르고, 재질은 레바논산 백향목(cedar), 흑단(ebony), 인도산 티크로 판명되었다고 한다. 따라서 지붕과 지붕을 떠받치는 건축부재들(들보와 도리들)은 전부 목재였던 것이다.

레바논 산 침향목은 지중해 문명권에서 가장 넓게 사용된 건축 재료로 명성이 높았다. 참고로 레바논의 국기는 침향목을 상징한다. 고대 이집트문명에서부터 페르시아, 그리스, 로마문명에 이르기까지 대형 건축에는 언제나 레바논 산 침향목이 사용되었는데, 주로 물길로 운반되었다고 한다. 그렇다면 레바논에서 이곳 페르세폴리스까지는 지중해에서 페르시아 만까지는 내륙을 거쳐야 하는데 어떻게 운반했을까? 다리우스왕이 건설했다는 왕도(Royal Road)를 이용하거나 인도산 티크는 분명 인도양을 통해 반다르아바스 항까지 운반한 뒤, 육로를 이용했을 것 같다. 관런 추후에 관련 자료를 조사하여 운반경로를 규명해 볼 참이다.

화강석이든 대리석이든 석재를 채취한 뒤에는 가공을 해야 한다. 이때는 강도 높은 철제공구도 필요하고 반드시 물이 필요하다. 일례로 청동톱(줄)으로 석재를 절단할 때는 마찰 저항을 감소시키기 위해 윤활유 기능을 하는 물이 필요하다. 물의 용도는 그것만이 아니다. 음용수도 있어야 하고, 화재 대비 방화수도 있어야 한다. 고고학적 발굴에 의하면, 테라스 하부에 도수관로와 하수관로, 건물 뒤편 언덕에 대규모 용량의 수조가 발견되었다고 한다.

한편 페르세폴리스 궁전은 전체 건축기간이 최소 60년이 걸렸다고 한다. 그렇다면 이 기간동안 건축장인들은 어떻게 조달했을까? 당시 건축장인들은 직종별로 일종의 길드(조합) 형태로 움직였다고 한다. 이를테면, 이집트에서 일했던 석공들이 대규모로 공사를 찾아 이곳 페르시아로 이동했던 것이다. 페르세폴리스 비석에서 드러난 놀라운 사실은 이곳 공사에 동원된 기능공들은 노예 노동이 아니라 선원 임금 노동이었다는 점이다. 이 사실을 미루어 볼 때, 다리우스 대왕을 비롯한 페르시아의 왕들이 당시 세계 제일의 건축 장인들을 비싼 노임을 주고 스카우트했다고 볼 수 있다. 다시 말해 지금으로부터 무려 2,500년 전에 강제 노역이 아니라 적정 대가를 지불하고 세계최고의 장인들을 동원했던 것이다.

알렉산더 대왕의 금고

알렉산더 대왕의 페르세폴리스 정복은 어떤 의미가 있을까? 그는 페르세폴리스 왕궁 곳간의 보물을 털어 동방원정의 재원으로 조달했다고 한다. '플루타크 영웅전'의 기록에 의하면, 이곳에서 빼앗은 각종 보물들을 고국으로 실어 보내는데 당나귀 2만 마리와 낙타 5천 마리를 동원했다고 한다. 지금으로 치면, 알렉산더의 전차는 메르세데스 벤츠일지라도 그 차의 가솔린 비용의 상당 부분은 페르시아제국이 부담했다는 말이다.

사족으로, 들은 풍월로 한마디 하고 싶다. 알렉산더 대왕은 연전연승 전술의 귀재로 알려져 있지만 실제는 심리전에도 귀재였다고 한다. 만약 어떤 전투에서 패했을 경우, 부하들에게 절대 함구령을 내렸다고 한다. 언제나 지고도 이겼다고 하여 불패 신화를 만들었다고 한다.

제국의 왕도(royal road)

'학문에 왕도가 없다'는 말이 있다. 이 말은 고대 이집트의 기하학자 유클리드(Euclid. BC 365~BC 275)가 처음 한 말이다. 유클리드는 이집트의 알렉산드리아에서 기하학을 가르치고 있었는데 제자들 중에는 왕자인 프톨레마이오스(Ptolemaeos) 2세가 있었다. 어느 날 왕자가 유클리드에게 물었다.

'유클리드 선생, 기하학이 어려워 이해가 잘 안 되오, 좀 더 쉽게 배우는 방법이 없겠소?'

그러자 유클리드는 이렇게 대답했다.

'폐하, 기하학엔 왕도가 없는 줄로 아뢰오!'

그런데 이때 유클리드가 말한 그 '왕도'는 단순히 지름길의 뜻이 아니라, 페르시아제국의 다리우스 대왕(Darius the Great. BC 550~BC 486)이 건설했던 '왕도(royal road)'를 뜻한다. 그 왕도는 소아시아의 끝인 에게 해에 맞닿은 항구도시 사르데스(Sardes)에서 페르시아제국의 당시 수도였던 수사(Susa)까지를 잇는 도로로서, 나중에 건설된 페르세폴리스까지 연결되었다고 한다. 전체길이 1,677마일(2,699km)에 달해 이 구간을 도보로 여행할 경우 3개월이 걸리고 말을 타고 달리는 전담 파발꾼의 경우, 7~9일이 소요되었다고 한다. 도로 상에는 총 110개의 역참이 있었고, 역참들마다 바꿔 탈 말과 함께 달리기 선수 같은 파발꾼들이 항시 대기하고 있었다.

한편 도로는 수레나 전차를 위한 길이다. 말을 타고 이동하기 위해서는 굳이 포장도로는 필요 없다. 하지만 소나 말이 끄는 수레, 마차를 위해서는 빈드시 평평한 도로가 있어야 하고, 강과 협곡을 건널 때는 다리도 있어야만 한다. 전쟁을 위해서도 도로는 아주 요긴하다. 영토 확장을 위한 전쟁이든, 반란 제압을 위한 내전이든 간에 전쟁을 승리로 이끌기 위해서는 군수품의 조달이 원활해야 하기 때문이다. 이것은 포장도로 위에 수레나 마차를 운용한다면 간단히 해결할 수 있다. 전쟁용 도로로 좋은 예를 든다면, 진시황의 치도(馳道), 로마의 아피안 대로, 20세기 히틀

러의 아우토반을 들 수 있겠다. 인류 역사에 명멸했던 제국들은 하나같이 잘 닦인 도로들을 갖고 있었다. 그러나 도로다운 도로의 원조로 페르시아 왕도가 그 영예를 차지해야 할 것이다. 페르시아 왕도에 대해 묘사해 놓은 글을 인용한다.

페르시아 제국의 궁극적 토대는 관료제도 아니고, 군대도 아닌 도로에 있었다는 말이 된다. 먼지와 흙으로 이루어진 이 값진 필라멘트야말로 거대한 제국의 신경계였고, 그 신경계를 따라 정보는 연접부와 연접부, 뇌의 이쪽저쪽을 쉼 없이 오갔던 것이다. 클레이오메네스를 경악케 했던 페르시아 제국의 광대한 크기도 왕궁 사자들에게는 아무것도 아니었다. 하루 종일 말을 달리고 나면 저녁 때 사자들이 묵어갈 수 있도록 숙식은 물론 이튿날 타고 갈 말까지 준비돼 있는 역참이 기다리고 있었다. 시급을 다투는 급한 전갈이 있으면 낮과 밤, 날씨를 가리지 않고 전속력으로 말을 달려 페르세폴리스에서 에게해까지 2주 안에 주파했다. 이것은 거의 신기에 가까운, 전례를 찾아볼 수 없는 놀라운 속도였다. 백성들은 정보 슈퍼하이웨이의 원조라 할 수 있는 대왕의 이 같은 통신 지배능력에 놀라움을 금치 못하고, 그것이야말로 페르시아의 위대성을 보여주는 가장 확실한 척도이자 증거라고 생각했다.

그 도로는 아무나 사용할 수 있는 게 아니었다. 페르시아 왕도는 '비야타카(viyataka)'라는 통행증이 없으면 발을 내디딜 수조차 없었다. 그리고 이 통행증은 페르세폴리스나 사트라프 관저에서만 발급했기 때문에 단순히 그것을 소지하는 것만으로도 대단한 영광이었다.
-『페르시아전쟁』톰 홀랜드 지음, 이순호 옮김,
책과 함께, 2006. 299쪽

한편 다리우스 1세는 치세기간이 36년밖에 되지 않았다. 그런데도 그 짧은 기간 동안 이렇게 엄청난 대역사를 성취했단 말인가? 사실은 그렇지 않다. 그 이전의 왕조, 히타이트제국, 아시리아 제국에서 이미 만들어 장장 3천 년 동안 사용해 왔던 것을 다리우스 대왕이 대대적으로 개보수를 한 것으로 일부분만 기여를 한 것이다. 도로야말로 어느 누구도 영원히 소유할 수 없는 인류문명의 동맥이자 활주로이다.

아이러니하게도 권력을 쥔 자가 도로를 점유하는 게 아니라 도로를 점유하는 자가 권력을 독차지한다. 다리우스 대왕의 이 왕도를 훗날 알렉산더 대왕(Alexander the Great, BC 356~ BC 323)이 동방원정 당시 아주 요긴하게 이용했다는 점이다. 알렉산더 대왕의 군대가 이 왕도를 통해 군사와 군수품들을 신속하게 이동했던 것이다. 또한 훗날에는 로마제국의 도로로 전용되기도 했다. '모든 길은 로마로 통한다.'는 금언도 따지고 보면, '페르시아 왕도'에 크게 빚지고 있는 셈이다. 로마제국의 도로는 거의 전 구간이 포장도로였다고 하는데, 이것은 페르시아 왕도를 기층으로 삼고 그 위에 포장을 덧씌웠기 때문이다. 로마제국의 잘 포장된 도로는 실크로드로 이용되었을 뿐만 아니라, 후대에 칭기즈칸 군대의 전격작전, 또 그 이후에는 티무르제국의 군대에서도 활용되었다.

결과적으로 실크로드 이전에 다리우스 대왕의 왕도가 있었던 것이다. 그러고 보면, 실크로드도 이 왕도 위에 브랜드 명칭을 바꾼 것이라 할 수 있다. 또한 후대의 유명한 도로들 역시 다리우스 대왕의 왕도 시스템을 상당 부분 불법복제(?)한 셈이다. 예컨대, 진시황의 치도(馳道) 건설, 로마 제국의 도로망, 몽고의 역참제도, 히틀러의 아우토반까지도 근본 모델은 다리우스 대왕의 왕도에 두고 있다고 할 수 있겠다.

기회가 된다면 페르시아의 건설 인프라에 대해 심층 조사를 해보고 싶다. 겉으로 드러나지 않지만, 페르시아 문명이 꽃이라면 그 꽃을 피우게 한 뿌리에는 건설 인프라가 존재하기 때문이다. 다리우스 대왕이 거대한 영역을 개척하며 페르시아의 전성기를 연 이면에도 제국을 관통하는 왕도(royal road) 건설과 역참제도가 있듯이… 길과 도로에 대한 필자의 졸시를 인용해본다.

세상의 길

길은 언제나 지름길이다
오솔길도 문경새재도 실크로드마저도
당대에는 가장 빠른 길

지름길은 언제나 개척자의 길이다
보릿고개 넘던 길, 사막을 건너는 대상(隊商)의 길
남극으로 가는 아문센의 길까지

길은 언제나 소통의 길이다
알프스 산맥과 보스포루스해협을 뚫는 길
지승 같은 피안(彼岸), 강철의 무지개까지

길은 언제나 화해의 길이다
국경과 종교, 시대와 이념을 가로지르는
모름지기 꿈꾸는 활주로

누구인가, 길을 여는 그대는
                            -박하 시집 「연장 벼리기」 2011.

　　한편 페르세폴리스를 답사해보니, 그리스의 아크로폴리스가 떠오른다. 그리스의 아크로폴리스는 기원전 5세기 초에 건설되었고, 널리 알려져 있다시피 파르테논신전은 서양건축의 원조 중 하나로 꼽힌다. 페르세폴리스는 아크로폴리스에 비해 규모도 훨씬 크고 건축연대도 거의 1세기가량 앞섰는데도 별로 유명하지 않은데, 왜 그럴까? 아크로폴리스가 거대한 신전(神殿) 도시인 반면, 페르세폴리스는 다리우스 대왕의 영광을 과시하는 의전용 도시이기 때문만은 아닐 것 같다. '눈에서 멀어지면 마음에서도 멀어진다!'는 말처럼 이슬람혁명 이후, 국제적인 고립을 자초한 데 가장 큰 원인이 있을 것 같다. 하지만 2016년 1월 국제무대에 복귀하자마자 이란발 훈풍이 불고 있다. 그동안 홀대받았던 페르시아의 영광, 페르세폴리스의 주가가 갈수록 높아지리라 믿는다.

야즈드 ^{Yazd}, 사막의 보석이 되다

하나의 종교만 아는 사람은 아무 종교도 모른다.

-막스 뮐러(Friedrich Max Müllerb, 1823 - 1900)

야즈드, 사막의 보석

오랜 세월 동안 변하지 않고 견디면 보석이 된다고 한다. 그것이 다이아몬드나 옥(玉) 같은 광물이든 별난 문명이든 마찬가지다. 설령 그 문명이 세상의 외딴 모퉁이에 있을지라도 장구한 세월 동안 결코 무사할 수는 없는 노릇이다. 언젠가는 밖으로부터 엄청난 압력이 밀려들기 마련이고, 그럴 경우 일시에 멸망하거나, 아니면 시나브로 풍화되어 소멸할 것이다. 그것이 바로 문명의 흥망성쇠이다.

페르시아 문명 중에서도 풍화를 거부하는 보석 같은 도시가 있다. 이란 중부의 사막 도시, 야즈드가 그렇다.

이곳의 첫인상은 황토벽돌의 마을, 마치 두더지 인간들이나 개미인간들의 마을 같았다. 보기만 해도 갈증이 느껴질 정도였다. 비록 사막은 아닐지라도 도시 전체가 황토벽돌의 건축이었으니 말이다. 미로처럼 이어진 골목, 집집마다 한 길 넘는 토담으로 둘러싸인 집들, 흙집이라도 원시시대 땅바닥에 엎드린 게딱지같은 움집은 아니다. 흙벽돌로 지은 2~3층짜리 집단맨션 같았다. 골목을 따라 마을 안으로 들어갔다. 소위 어도비(adobi)로 불리는 황토를 이겨 집을 짓고 태양 아래 말린 건물들 일색이었다. 골목길의 담장도, 집들의 벽과 지붕도 온통 황토로 지었다.

야즈드의 역사는 5천 년에 이른다. 고대 메디아왕국에서부터 시작한 이래, 야즈드라는 이름은 페르시아제국의 사사니왕조 시대, 야즈드가드 1세 왕으로부터 유래했다고 한다. 이 도시는 페르시아 국교였던 조로아스터교의 중심이었다. 특히 8세기 아랍 이슬람 세력의 침공과 1272년 몽고인들의 침공 당시, 조로아스터 교인들이 종교 탄압을 피해 집단으로 이주한 이래 현재까지도 이란에서 조로아스터교 신도들이 가장 많이 살고 있다고 한다. 또한 이란을 대표하는 가족 도시로써 이혼율이 가장 낮은 세 도시 중의 하나라고도 한다.

마르코 폴로(Marco Polo, 1254~1324)는 『동방견문록』에서 야즈드를 이렇게 묘사한다.
'야즈드는 아주 고상한 도시이다. 이곳 주민들은 야즈디로 불리는 비단을 짜는데, 이 도시를 찾는 상인들은 언제나 이 비단을 사 가지고 떠난다. 다음 기착지 케르만이나 (페르시아만의 항구로 가기 위해) 반드시 들러야 하는 이 도시는 교통의 중심지이기도 하지만, 대규모 비단 교역으로 인해 오래전부터 유명한 도시가 되었다.'

△ 바람통(wind-catcher)의 외관

야즈드의 전통 기술

세월을 이기는 장사는 없다지만 예외도 있다. 세월의 집요한 공격에도 의연하게 버티고 선 황토빛 도시 야즈드! 도도하게 드러내지도 않고 그렇다고 비굴하게 항복한 적도 없는 이 도시의 황토 빛깔이 마치 보호색처럼 느껴졌다. 이 황량한 황토빛깔의 도시에서 사람들은 대체 어떤 삶을 누려왔단 말인가? 이 도시가 전통문명을 고스란히 지켜온 비결은 무엇일까? 몇 가지 전통기술들을 살펴본다.

토담 골목길을 걸어가노라니 마치 미로 속을 걷는 것 같다. 한여름 뙤약볕 아래 골목길 따라 이집 저집을 기웃거렸는데도 불구하고 에어컨 실외기 하나 볼 수가 없다. 그 대신 집집마다 하늘 높이 솟은 굴뚝같은 상자들이 눈에 띄었다. 이 직육면체 상자들은 대체 무엇일까? 언뜻 보면 굴뚝같은데, 가까이 가서 보니 각 면마다 길쭉한 바람구멍들이 뚫려있었다. 이것의 정체는 '바다기르(Badgir)', 스쳐 지나가는 바람을 붙잡아 실내로 보내는 동시에 실내의 바람을 밖으로 방출하는 장치(wind catcher)인데 다시 말해 일종의 무동력 에어컨으로써 야즈드를 대표하는 전통 기술 중 하나이다. 이 바람통이 있기에 한여름에도 실내 환기 및 저온 유지가 가능한 것이다.

필자가 야즈드 도심에 있는 카나트 박물관에 들렀을 때, 실내 환기의 위력을 온몸으로 체감한 바 있다. 실내에서 바람통 아래 섰더니, 내 옷자락도 머리카락도 하늘을 향해 솔솔 날리는 걸 느낄 수 있었다. 카나트로부터 유입된 찬 공기로 인해, 실내의 더운 공기가 바람통을 통해 대기 중으로 빨려나가는 것이었다.

한편 바람통의 외관을 보면 뾰족한 막대기가 밖으로 튀어나와 있다. 이 막대기들은 무슨 역할을 할까? 그것은 바람통의 유지관리를 위해 설치해 놓은 것이라고 한다. 이를테면, 계절마다 바람이 바뀔 때, 한쪽 면을 막고 다른 쪽 면을 틔우기 위해서, 또는 바람통이 훼손되었을 때 이들 막대기를 잡고 보수작업을 하기 위해서이다.

문득 오는 길에 중간 기착지였던 아랍에미리트의 도시 두바이가 떠오른다. 이란과 위도상으로는 큰 차이가 나지 않는데도 불구하고 건물의

모습은 완전 딴판이었다. 두바이에는 건물 안이 하나같이 강제냉방이었다. 실내는 석빙고 속처럼 시원했지만, 실외는 한증막이었다. 실외의 공기가 열풍처럼 느껴졌던 것은 에어컨의 실외기가 내뿜는 뜨거운 공기 때문이었다. 간혹 대형건물의 모퉁이에도 바람통이 부착되어 있었지만 그것들은 빛 좋은 개살구였다. 디자인 요소의 하나일 뿐 조금도 힘을 발휘하지 못했기 때문이다.

다음으로 인공운하인 카나트(qanats)를 꼽을 수 있다. 야즈드에는 도시 전역에 땅속의 인공운하망이 거미줄처럼 퍼져 있었다. 카나트는 지역마다 이름이 다르다. 이곳 이란에서는 카나트인데, 중국에서는 칸얼칭(坎儿井), 또는 카레즈라고 부른다. 일전에 실크로드 중국 구간인 신장위구르 지역의 사막 도시, 투루판에 갔을 때, 칸얼칭박물관에 들렀었다(자세한 내용은 졸저 『실크로드 차이나에서 일주일을』 박하 지음, 가쎄, 2016)을 참조하기 바란다).

이곳 야즈드의 물 박물관에 들렀다. 이곳이 카레즈의 원조라는 사실을 알 수 있었다. 이곳으로부터 카레즈의 기술이 동진했다는 것이다. 그렇게 추정하는 학자들의 주장을 요약하자면, 투루판보다 이곳 야즈드의 카나트 역사가 훨씬 오래되었다. 또한 그 구조가 투루판의 그것보다 훨씬 더 정교한 것을 알 수 있었다. 명칭도 카나트에서 카레즈, 칸얼칭으로 변했던 것으로 추정할 수 있었다.

이 물 박물관에서 전 세계 수질분야 학자들을 중심으로 카나트 국제 학술대회가 정기적으로 개최되고 있다고 한다. 이는 전 세계 수질 전문 학자들이 이란의 카나트를 지하인공수로의 원조로 인정한다는 것을 의미한다. 이 학술단체는 카나트 기술을 물 부족으로 고통을 받는 세계 오지들로 전파하고 있다고 한다.

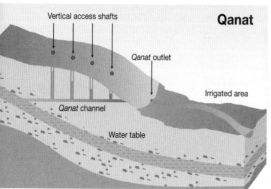

△ 지하수로 카나트의 단면(좌), 하늘에서 본 카나트의 모습

사막의 오지인 야즈드가 전통문화를 잘 간직해온 것은 일찍이 카나트를 발명하여 그 기술을 대대로 전수해 온 덕분이라고 할 수 있다. 이를 통해 충분한 물을 확보함으로써 사막 속 오지에서도 삶을 영위할 수 있었다. 나아가 종교 탄압을 피해 조로아스터교 신자들이 집단 이주가 가능했고, 또한 종교적 단합을 통해 사막 속의 교역 도시로 번성을 이룩했던 것을 알 수 있다. 페르시아 문화의 근원에는 가장 먼저 카나트가 있다는 사실을 인정하지 않을 수 없다.

침묵의 탑(Dakhmehye Zartoshtiyun)

침묵의 탑은 야즈드에서 가장 으스스한 곳, 아니 가장 신비로운 곳이다. 야즈드 도심으로부터 남쪽 변두리 사막 한가운데 있다. 이곳은 장

례를 치르는 곳인데, 고대 페르시안들은 화장(火葬)이나 매장(埋葬) 방식이 아닌 조장(鳥葬)이었다. 다시 말해 야생 독수리들로 하여금 시신을 뜯어먹도록 방치한다. 이는 고대 조로아스터교의 전통 장례방식으로 페르시아 권역을 넘어 인도, 티베트에 이르기까지 광범위한 영역으로 퍼졌다. 지금도 티베트에서는 여전히 조장을 하고 있다고 한다.

조로아스터교에서는 물, 불, 흙을 신성시한다. 따라서 시신을 불에 태우는 것은 공기를 오염하는 일이고, 땅에 묻는 것은 신성한 흙을 오염시키는 행위이다. 따라서 신성한 공기와 물의 오염을 피하기 위해 조장을 했던 것이다. 지하 인공수로인 카나트가 비록 제한적이기는 하지만 지금도 활용되는 것을 보면 그들의 땅과 지하수(물)에 대한 신뢰가 여전하다는 것을 알 수 있다.

초입에서 버스를 내린 뒤, 가이드로부터 조장에 대한 설명을 들었다.

저 멀리 마주 보고 선 두 산봉우리에 원통의 성채가 보인다. 우측에 있는 봉우리로 올라간다. 가파른 비탈길은 따라 한참을 올라가니 입구가 나타난다. 문짝도 없는 좁다란 문을 들어서니 천정이 없는 원형감옥 같다. 시멘트를 바른 바닥은 마치 물청소를 해놓은 것처럼 말끔하고, 원통 바닥의 중심에 50cm 정도 깊이의 구덩이가 파여 있다. 원통처럼 빙 둘러 쌓은 벽체는 황토와 막돌을 가지런히 쌓았는데 그 높이가 족히 2m는 될 것 같다. 지붕이 없는 이유는 독수리 같은 날짐승들이 날아와 시신을 마음대로 뜯어먹도록 하기 위한 배려라고 한다. 마침내 뼈만 앙상히 남게 되면 한가운데 움푹 파여진 구덩이 속에 던져 넣는다고 한다. 시신을 땅 속에 묻지 않기에 지하수 오염이 없고, 태우지 않기에 공기 오염도 없다. 또한 굶주린 독수리들에게 먹이가 됨으로써 뼈 이외에는 쓰레기도 남지 않는다. 그야말로 선순환이고, 최상의 리싸이클링(recycling)이다. 조로아스터교의 장례방식이 21세기인 지금에도 지구를 살리는 친환경 시스템으로 유효할 것 같다.

한편, 우리나라의 조류독감이나 구제역의 대책은 어떤가? 겨울마다 조류독감과 구제역이 발생했다 하면 여전히 땅속에다 매몰 처분(살처분)하고 있다. 때로는 아직 살아있는 닭과 오리들까지 마구잡이로 마대자루에 넣어 생매장을 하는 일도 비일비재하다. 땅속에 생매장된 짐승들이 썩게 되면 곧장 지하수가 오염될 것인데도 불구하고 여전히 이런 무지막지한 사태를 저지르고 있다. 지하수야 오염되든 말든 무조건 매몰 처분하는 이런 현실이 부끄럽기 짝이 없다.

   이곳 침묵의 탑은 1960년대 초반까지 정상 운영되었다고 한다. 하지만 현대화의 물결에 의해 혐오시설이란 누명을 쓴 채 퇴출된 뒤, 지금은 관광객들에게만 개방하고 있다. 그 대신 현대식 묘지가 바로 인접한 곳에 신설되었는데, 이곳 묘지에도 개별 묘혈은 흙의 오염을 방지하기 위해 단단한 콘크리트 박스로 되어 있다고 한다.

   침묵의 탑 안에서 그늘진 벽에 등을 기대고 섰다. 문득 상상해본다. 바닥에 깡마른 시신들이 널브러져 있고 그 위에는 독수리들이 시신을 파먹

고 있는 광경이 떠오른다. 환한 대낮인데도 등골이 으스스하다. 그도 그럴 것이 장구한 세월 동안 이곳에서 최후를 마친 영령들이 얼마나 많겠는가.

이곳 침묵의 탑이 등장했던 영화 한 편이 떠오른다. 니콜 키드먼 주연의 〈사막의 여왕(Queen of the Desert, 2015)〉이다. 영화의 줄거리는 이렇다.

20세기 초반, 영국 상류층의 한 아가씨가 테헤란에 여행 온다. 그녀의 이름은 거트루트 벨(니콜 키드먼 분), 인류학 전공에다 당찬 모험가 성향이다. 당시 그녀의 삼촌이 이란 주재 영국대사였기에 든든한 삼촌을 믿고 테헤란 주재 영국대사관에 놀러 왔던 것이다. 그런데 대사관에 근무하는 젊은 영사 카도건(제임스 프랭코 분)과 그만 사랑에 빠진다. 준수한 외모에다 오마르 하이얌(Omar Khayyām 1048~1131)의 시, 「루바이야트」를 줄줄 욀 정도의 감성파 청년 카도건, 둘은 운명처럼 끌리게 된다.

모험심 강한 거트루드 벨은 카도건을 부추겨 말을 타고 사막을 누비던 어느 날 이곳 침묵의 탑에까지 들른다. 침묵의 탑 속에 버려진 시신 주위에 우글거리는 독수리들을 보고 깜짝 놀란 나머지, 인생 허무를 절감했을까? 둘의 사랑은 급진전하여 결혼을 약속하기에 이른다. 하지만 부모의 강한 반대에 부딪힌다. 이유는 청년 카도건이 귀족이 아닌 평민 집안 출신이라는 것. 청년은 고뇌하고 좌절한 뒤 결국 충동적으로 자살하고 만다. 심한 충격에 빠진 거트르드 벨은 연인을 잃은 상실감에 몸부림치다가 목숨을 건 사막 탐험에 나선다. 그녀 인생의 돌파구가 될지, 일시적

도피처가 될지 모를 일이다.

그 탐험은 인류학적 현지답사이자 영국정보국의 지도 제작, 스파이 임무까지 겸한 것이었는데 도중에 아라비아의 로렌스로 알려진 T.E.로렌스도 만나고, 현지 부족들의 족장들과도 교류를 이어가며 파노라마 같은 여정이 펼쳐진다. 마치 여자 인디애나존스 같은 대담한 활약은 요르단과 이라크 건국에도 크게 기여했다고 한다.

이 영화는 영국의 인류학자 거트루드 벨의 실화를 바탕으로 만든 대서사시이다. 이 영화를 보기 전까지 근대 이란과 제국주의 열강들의 관계도 몰랐고, 조로아스터교의 침묵의 탑도 까맣게 몰랐다. 물론 오마르 하이얌의 루바이야트 역시 그저 4행시라는 정도 만 알았었다. 하지만 이 영화 한 편으로 인해 페르시아와 이란에 대한 관심이 증폭되었던 셈이다. 여기서 침묵의 탑에 어울리는 오마르 하이얌의 시 한 편을 옮겨본다.

금싸라기를 애지중지했던 사람이나
비처럼 바람에 마구 흩뿌렸던 사람이나
빛나는 대지로 돌아오지는 못하리
죽어 묻히면, 누가 다시 떠올리기나 할까

불의 사원(Ateshkadeh / Fire temple)

침묵의 탑을 보고 난 뒤, 야즈드 시내에 있는 '불의 사원'으로 향했다. 침묵의 탑이 페르시안 인생의 최후를 뜻한다면, 불의 사원은 페르시안의 종교이자 삶이다. 조로아스터교에서는 불을 신봉하기에 중국에서는 '배화교(拜火敎)'로 불렀다고 한다.

불의 사원은 조로아스터교의 성지로서, 언뜻 보기에는 지극히 단순한 단층 사원인데 좌우 대칭이다. 사원의 정면에는 아후라 마즈다 신상 조각이 선명하다. 양 날개를 펼친 새 등에 올라탄 아후라 마즈다 신은 한 손에 둥근 고리를 들고 있다.

선뜻 이해가 가지 않는 점은 고대 페르시아 유적들은 하나같이 거대한 규모인데 조로아스터교 사원만은 왜 이렇게 소박한 규모일까? 국교가 이슬람교로 전환된 뒤, 규모 축소를 강요당했던 것일까? 아니면 척박한 사막 환경에 어울리게 조촐한 규모였을까?

이 사원 속에 활활 타고 있는 불꽃은 무려 1,500년이 넘도록 단 한 번도 꺼진 적이 없다고 한다. 어떻게 그 일이 가능하단 말인가? 전속 사제가 상주하기에 가능한 일일 것이다. 이 같은 불의 사원은 지금도 전 세계에 170여 곳이 있다고 한다. 가장 많기로는 인도의 뭄바이와 그 인근에 70개소가 있는데, 그 이유는 아랍 세력의 페르시아 침공 당시 조로아스터교 신자들이 종교적 자유를 찾아 대거 인도로 이주했기 때문이라고 한다.

사원의 앞마당에는 둥그런 수조와 분수대가 있다. 그곳을 지나 계단을 올라 사원 안으로 들어간다. 정면에 유리벽 너머 시뻘건 화염이 일렁이는 것이 보인다. 관광객들이 넘치는 바람에 줄을 서서 보아야만 한다. 비신자라서 그런지 조로아스터교의 장구한 역사에 비례하는 신비감은 도무지 느낄 수 없었다. 유럽에서 온 관광객들 역시 그저 사진을 찍기에만 여념이 없다.

　사원 중앙에는 아후라 마즈다의 조각상이 걸려있었다. 언뜻 보면 공군의 상징인 보라매 마크를 떠올리게 한다. 가까이 다가서면 독수리 머리 위에 아후라마즈다 신이 올라타고 있는 형상이다.

'우리나라 공군의 심볼인 보라매 마크 같군요!'
'흰 수염에 흰 도포를 입고 있으니 꼭 도사 포스군요!'

재미있는 사실은 아후라 신이 인도로 건너가 신을 뜻하는 '아수라(阿修羅)'가 되었다고 한다. 우리말의 아수라장, 아수라판 역시 아후라가 원조라는 사실이다. 또한 아후라 마즈다는 선한 신으로 우주와 우주의 질서를 창조했고, 악한 신인 아흐리만이 있다. 선악 개념의 두 신은 당초 조로아스터교의 전유물이었는데, 이를 후세 종교들, 일테면 기독교와 이슬람교에서도 상당 부분 차용했다고 한다.

'지금 있는 것은 언젠가 있었던 것이요. 지금 생긴 일은 언젠가 있었던 일이라. 하늘 아래 새것이 있을 리 없다'는 기독교(구약 전도서)의 잠언에 새삼스레 고개가 끄덕여진다.

사원 좌측에 있는 전시관을 들어가 보았다. 잔뜩 기대를 하고 들렀지만 전시 내용은 실망스러웠다. 내부에는 조로아스터의 초상화를 비롯하여 조로아스터교의 역사를 연대별로 보여주는 패널들이 전시되어 있었다. 1,500년 이상 된 조로아스터교의 역사를 볼 줄 알았는데, 마지못해 급조해놓은 패널들만 늘어놓은 것 같았다. 짐작하건대, 조로아스터교가 국교인 이슬람교보다 부각되는 것을 못마땅하게 생각하기 때문일 것 같다.

한편으로 실존주의 철학자 니체는 조로아스터에 매혹되었다. 그리하여 소설 『차라투스트라는 이렇게 말했다』를 남겼다. 이 책의 공로는 서구 사회가 기독교로부터 정신적 독립을 이룩하는데 결정적인 기여를 했다는 점, 신에 대해 종속적이었던 기존의 인식 범위를 혁명적으로 전환하는데 기여했다는 점을 꼽는다. '신은 죽었다'는 명구가 등장하는 부분을 인용하면서 이 장을 마무리한다.

"이름이 차라투스트라라고 했던가. 그러나 그도 변했군. 그대는 자신의 타고 남은 재를 산으로 날라 갔지. 오늘은 그대의 불덩이를 골짜기로 날아가려고 하는가? 그런데 이제 잠든 사람들에게로 가서 뭘 하자는 건가. 바닷속에 있는 듯 고독 속에서 살았고, 그 바다가 그대를 품어주었지. 그런데도 그대는 뭍에 오르려 하는가."

차라투스트라가 대답했다. "인간들을 사랑하기 때문이오."

"하지만 이제 나는 신을 사랑하네. 인간에 대한 사랑은 나를 파멸시킬 테지."

차라투스트라가 대답했다. "사랑에 대해 내가 무슨 할 말이 있겠소. 다만 인간들에게 선물을 주고 싶다오."

"인간에게는 아무것도 주지 말게. 차라리 그들로부터 얼마간을 빼앗아 그것을 그들과 나누어 가지도록 하게. 그래야 인간에게 더없이 큰 도움이 될 것이네. 그들로 하여금 애걸하도록 하게."

차라투스트라가 대답했다. "자선을 베풀고 싶지는 않소, 나는 그렇게 할 만큼 가난하지는 않다오."

"그들은 은둔자를 불신하며 우리가 선물을 주려고 왔다는 것을 믿지 않네. 왜 그대는 나처럼 곰들 속의 한 마리 곰, 새들 속의 한 마리 새로 머물고자 하지 않는가."

차라투스트라는 마음속으로 이렇게 말했다. "저 늙은 성자는 숲 속에 있어서 신이 죽었다는 소식조차 듣지 못했구나."

여 덟 번 째 도 시

테헤란, 페르시아의 영광을 꿈꾸는 도시

나는 당신의 의견에 찬성하지 않지만, 당신이 말할 권리를 절대 옹호
한다.

-볼테르(Voltaire, 1694~ 1778)

테헤란은 왠지 낯설지가 않다. 난생처음 방문인데도 두려움보다 설렘
이 크다. 정확히 이야기하면 꼭 1주일 전 테헤란의 이맘 호메이니 공항에
내렸지만, 그날의 감흥은 마치 꿈속같이 몽롱했다. 그도 그럴 것이 한밤
중에 도착하여 비몽사몽 1박을 한 뒤, 뒷날 아침 곧장 페르시아 대장정
에 올랐기 때문이다.

이후 1주일 내내 페르시아 제국의 대표 도시들을 마라톤선수처럼 둘
러보았다. 고대도시로는 하마단, 카샨, 아비야네, 페르세폴리스, 야즈드,
그리고 중세도시로는 쉬라즈, 이스파한 등등… 어느 한 도시에 대한 편

애도 없이 일정한 페이스를 유지하며 달려온 셈이다. 지난 1주일을 페르시아 연대기로 환산한다면, 줄잡아 2,500년 페르시아 역사를 고속으로 종주한 셈이다. 그 덕분에 그동안 무지했던 페르시아 문명에 대한 편견이 상당 부분 해소되었고, 새로운 자각을 얻었다. 그 자각이란 때론 심봉사가 눈 뜬 것 같은 희열이었고, 때론 내 속에 똬리를 틀고 있던 오리엔탈리즘을 인정할 수밖에 없는 깨달음이기도 했다. 이제 이 마라톤 여정의 마무리는 이곳 수도 테헤란에서 하기로 한다.

테헤란에 대한 막연한 호감의 근원은 무엇일까? 우선 서울 강남의 '테헤란로'가 떠오른다. 서울에 테헤란로가 있고, 이곳 테헤란에도 '서울로'가 있다. 강남의 테헤란로가 첨단 IT단지라고 해도 과언이 아닌 반면, 이곳 테헤란의 서울로는 그렇게 주목받는 곳은 아닌 것 같다. 우선 도심의 풍경을 스케치해 본다.

거리에는 콧수염에 어깨가 떡하니 벌어진 사내들과 검은 차도르의 여인들이 넘쳐난다. 이들의 신체적 평균치는 한국인의 그것을 훨씬 웃돈다. 그래도 다가가면 열에 아홉은 이웃사촌처럼 반겨준다. 관광지에서건 도심광장에서건 마주치는 얼굴마다 개방에 대한 흥분을 감추지 못하는 것 같았다. 한동안 우리가 우리나라를 찾은 외국인들에게 그랬던 것처럼 그들도 판박이 물음을 즐겨했다.

'페르세폴리스를 어떻게 생각하십니까?'

'이란 사람들을 어떻게 생각하십니까?'

△ 장화만 남은 동상

테헤란의 인구는 수도권만 900만 명, 광역시 기준으로 1,800만 명에 이른다. 1920년 이후 인구가 급격히 늘었고, 1979년 이슬람혁명 이후 한동안 정체되었다가 지난해(2016) 초, 개방으로 다시 가파른 성장세에 진입하고 있다. 그래서 교통난이 심한 편이고 사람도 늘 북적인다.

역사를 거슬러 올라가면 1796년 콰자르(Qajar) 왕조의 수도에 이어 팔레비 왕조를 거쳐 오늘에 이르렀다. 테헤란은 수도로서 무려 200년 역사를 유지해 오고 있다.

테헤란에서는 1박2일 일정을 보냈는데, 인상적이었던 곳을 중심으로 소개한다.

사드 아바드 궁(S'ad Abad Palace)

테헤란의 도심은 차들로 넘쳐난다. 공기도 탁해 갑갑하다. 하지만 이곳 궁궐은 마치 피서산장처럼 한가로운 곳이다. 궁궐 정문에 차를 내리자마자 등대처럼 하얗게 빛나는 산이 눈에 들어온다. 눈 덮인 알보르즈 산맥의 봉우리다. 이란 땅에서, 그것도 한여름에 만년설을 본다는 건 상상도 못했다. 만년설 쌓인 산봉우리 아래 울창한 녹음 속 별천지, 이 궁전은 팔레비왕조의 여름궁전인 사드 아바드 궁이다.

정문을 들어서자 아름드리 플라타너스 가로수들이 줄지어 서있다. 완만한 경사의 가로수 길을 따라 한참을 걸었더니 언덕 위에 우뚝한 '흰색 궁전(white palace)'이 반긴다. 전면에는 흰색의 열주(列柱)들, 네모반듯한 건물에 좁다란 세로줄 창문들이 담백하다. 기대했던 화려함과는 거리가 멀다.

건물 앞에 당도하니 청동조각상으로 장화 한 켤레가 떡하니 버티고 있다. 소인국에 불시착한 걸리버의 장화같다. 그런데 왕궁 앞에 거대한 장화상이라니? 관람객들에게 무슨 수수께끼를 던지는 느낌이다.

"이 장화상은 팔레비왕조를 개창한 왕, 레자 샤의 전신상의 일부였다고 합니다. 그런데 지난 1979년 이슬람혁명 당시 분노한 군중들이 레자 샤의 전신상을 거꾸러뜨리는 바람에 상체는 사라지고 장화 두 짝만 남게 된 것입니다."

설명을 듣고 보니 혁명 주체 세력들은 이 장화상만 봐도 통쾌했을 것 같다. 이 조각상이 바로 레자 샤의 몰락을 증거하고 있기 때문이다.

왕궁이었지만 지금은 박물관으로 변신한 내부로 들어갔다. 곳곳을 둘러보면서 놀라움보다는 의아함이 더 컸다. 분명 한 시대를 호령하던 팔레비 왕조의 궁궐인데도 상상을 초월하는 화려함은 없었기 때문이다. 소문으로 들은 왕비의 사치벽이 너무 심한 나머지 왕실이 온갖 사치품들로 빼곡할 것 같았다. 그런데 전혀 아니었다. 실내는 '호화찬란함'이라기보다는 오히려 절제된 아름다움이 느껴졌으니까 말이다. 소문과 실체 사이에는 상당한 거리감이 느껴졌다. 현지 가이드에 그 이유를 묻자 빙그레 웃기만 한다. 상상에 맡기겠다는 뜻인지…… (물론 절대왕권을 유지하기 위해 왕실의 친위대 겸 비밀경찰 조직 사비크의 악랄한 만행은 또 다른 이야기이다). 물론 팔레비왕조에 대한 불만은 호화사치보다는 체제유지를 위한 악랄한 학정(虐政)이었다고 한다.

예컨대 팔레비왕조의 막바지 무렵과 이슬람혁명 당시를 다룬 일련의 다큐멘터리 풍의 소설들, 예컨대 『테헤란의 지붕』, 『이란의 검열과 사랑 이야기』에는 혁명 전후의 엄혹한 분위기를 짐작하게 하는 이야기들이 등장한다. 일례로 연인끼리 혁명수비대에게 불심검문을 당하는 에피소드가 있다.

연인이 신분을 위장하기 위해 두 사람이 오누이라고 둘러댄다. 그러면 혁명수비대는 종이를 내놓고 각자 부모 이름을 적어보라고 한다. 만약 부모 이름이 서로 다르면 당장 신성한 종교적 율법을 해치는 사람으로 유치장에 갇히고 마는 것이다. 현지 가이드도 부부끼리 나들이를 할 때 불심검문을 당한 적이 많았다고 한다.

이방인으로서 이란의 혁명을 이야기하기는 어렵다. 더더구나 초행길 여행자로서는 난감한 일이다. 그러나 어떤 혁명이든 간에 빛과 그림자는 있게 마련이라고 생각한다. 혁명의 수혜자 입장에서는 밝은 면만 보일 것이고, 피해자 입장에서는 어두운 면만 보이기 때문이다.

자유, 평등, 박애를 기치로 내걸었던 프랑스 대혁명은 어떠했던가? 성공하자마자 공포정치로 되돌아갔던 일, 이슬람혁명 역시 아주 흡사하다는 생각을 지울 수 없게 했다.

혁명의 양면성을 생각하다 보니 D.H 로렌스의 풍자시 한 편이 떠올랐다.

제대로 된 혁명(Sane Revolution)

혁명을 하려거든 재미있게 하라
무섭도록 진지하게 하지 마라
너무 열심히도 하지 마라
그저 재미있게 하라

원수들을 미워하기 때문에 혁명하지 말고,
그들의 눈에 침이라도 한번 뱉기 위해서 하라

돈을 위해 혁명하지 말고
돈을 저주하는 혁명을 하라

평등을 위해 혁명하지 마라
우리는 이미 너무 많이 평등하기 때문이다
또한 그것은 사과 수레를 뒤엎고 사과가 어디로 굴러가는가를 보는
짓거리처럼 유치한 일이다

노동자 계급을 위해 혁명하지 마라
우리 모두가 스스로 우아한 귀족이 되는 그런 혁명을 하라
그리고 깡총거리며 도망치는 당나귀처럼 우리 발꿈치를 걷어차라

어쨌든 세계 노동자를 위해 혁명하지 마라
노동은 이제껏 우리가 너무 많이 해온 것,

우리 노동을 폐지하고, 우리 함께 일을 하기로 하자
일은 재미로 하고 사람들은 일을 즐길 수 있다
그러면 일은 더 이상 노동이 아니니
우리 함께 그렇게 하자
우리 함께 재미를 위해 혁명을 하자!

이란 국립박물관

국립박물관은 한 나라의 역사와 문화를 압축적으로 보여준다. 여느 때와 달리 이번에는 박물관 관람을 여행 막바지에 한다. 여행 초반부터 고대 페르시아문명의 현장을 굴비두릅 엮듯이 순차적으로 목격해 왔기에 막판에 요점정리하는 기분이 들었다.

규모는 의외로 소박했다. 2층으로 된 장방형 건물로 좌우대칭이다. 벽돌조 건물로 규모는 작아도 정교한 조각처럼 절제와 균형감이 뛰어났다. 건물 전면의 한가운데가 마치 동굴 입구처럼 뻥 뚫려있었다. 까다로운 보안검색은 진짜 보안 목적이 아니라 고용 창출 차원처럼 보였다. 박물관 입구의 아치는 얇은 벽돌들을 돔 형식으로 차곡차곡 쌓아올렸는데 대단히 정교했다. 벽돌로 카펫을 짜놓은 것 같았다. 1층 전시실을 들어가자마자 큰 지도가 있었다. 현지 가이드가 대형 지도 앞에 서서 이란의 지형 여건에 대해 설명을 한다.

"자, 여기 지도를 보십시오. 고대 페르시아문명은 이란고원을 중심으로 일어났습니다. 위쪽에 카스피해 호수가 있고 그 아래에 비스듬히 알부르즈산맥이 있습니다. 또한 아라비아반도와 사이에 있는 페르시아 만이 있고, 페르시아 만과 평행하게 자그로스 산맥이 놓여있습니다. 알보르즈산맥과 자그로스 산맥 사이에 거대한 이란고원이 자리하고 있습니다.

다음으로 알보르즈 산맥 아래로 왼쪽에서부터 타브리즈, 하마단, 테헤란, 호라산의 도시들이 있습니다. 이들 도시들은 고대 실크로드 노선상에 있다고 하지만, 실크로드 이전에 이미 키루스 대왕, 다리우스 대왕 때 이미 왕의 길(royal road)이 있었습니다.

페르시아 제국에서 만든 그 왕도를 제가 만든 것인 양 강탈한 세력이 바로 알렉산더 대왕이었고, 이후 '팍스 로마나'로 불린 로마제국이었습니다. 다시 말해, 페르시아의 왕도가 없었다면, 알렉산더 대왕도, 로마제국도, 실크로드도, 또한 13세기 몽고제국도 그런 정복전쟁이 불가능했다는 사실입니다."

선시실을 둘러보며 몇 가지기 눈에 띄었다. 가장 눈길을 끈 것은 함무라비 법전을 새겨놓은 비석이었다. 함무라비 법전은 인류 최초의 성문법이다. 기원전 1792년에서 1750년까지 바빌론을 통치한 함무라비 왕이 반포한 바빌로니아의 법전이다. 그렇다면 왜 이 법전을 새긴 비석이 이곳에 있단 말인가? 그 이유는 이 비석이 페르시아의 고대 수도 수사에서 발굴되었기 때문이라고 한다.

이 법전에 대해서는 그 유명한 '눈에는 눈, 이에는 이'만 생각이 났다. 이 비석은 무려 3,800년 전에 도시 수사에 세워진 것이라는데, 원본은 프랑스 루브르박물관에 있단다.

페르시아제국의 영광을 왜 영국인들이 빼앗아 가서 자랑한단 말인가? 안 될 말이다. 영국인들이 그동안 잘 보관하고 대신 연구까지 해준 것은 고마운 일이지만, 모름지기 문화재는 제 자리에 있어야 더욱 빛나는 법이다.

다음으로 내 발길을 붙든 유물은 청동 수레바퀴였다. 1인승 이륜전차로 기원전 2,000년 중반, 도시 초가잔빌(chogha zanbil)에서 발굴된 것이라 한다. 지금으로부터 무려 3천 년 이상 되었다.

문명은 속도에 비례하여 발전했다. 수레는 곧 수송의 혁명을 상징한다. 페르시아 제국의 주 무대는 평평한 이란고원으로, 수레를 운용하기에 아주 적당한 조건이었다. 수레는 평상시에는 화물용이지만 전시에는 전차로 변한다. 고대의 전장에서 달리는 전차만큼 위협적인 병기는 없었다. 상상해 보시라, 두 마리 말이 끄는 이륜전차가 쏜살같이 적진 속으로 달려가는 장면을… 페르시아제국의 영광은 이들 청동제 전차바퀴에 힘입은 바가 지대할 것이다.

한편 전차가 달리기 위해서는 반드시 평탄한 도로가 필요하다. 만약 평탄한 도로가 아니라 언덕이나 산악지형이라면 전차는 무용지물이다. 따라서 이란고원처럼 평탄한 지형에서만 전차 운용이 가능했다. 앞쪽 페

르세폴리스에서 언급했던 페르시아 왕
도 또한 전차를 위한 도로였다고 해
도 과언이 아니다. 우리나라는 산악이
70% 이상이고 삼면이 바다여서 수레나
전차가 발달하지 않았다.

다음으로 다리우스 대왕의 석상을
보았다. 이집트 현지에서 화강암으로
만들어져 여름궁전이 있던 수사로 보내

△ 청동제 전차바퀴

졌던 것이라고 한다. 석상에는 당시 24개 식민지 속국의 이름이 새겨져
있다. 다시 말해 당시의 속국은 고대 중국으로 치면 제후국인 셈이다. 다
리우스 대왕은 제후국마다 자신이 신임하는 태수, 일명 사트라피를 임명
하여 통치를 위임했으며 그 대신 중앙정부에게 조세를 바치게 했다고 한
다. 때로는 제후국에서 반란이 일어날 경우, 잘 닦인 왕도를 이용하여
무적의 군대 임모탈을 급파하여 진압했던 것이다.

그랜드 바자르(grand bazar)

테헤란의 그랜드 바자르는 이란에서 가장 큰 시장, 아니 세계에서 가
장 큰 시장이라고 한다. 이슬람권의 여느 바자처럼 중간에 긴 회랑을 두
고 양쪽으로 상점들이 마주 늘어서 있다. 매 회랑마다 옷 가게, 말린
과일 가게, 생활용품 가게 등 전문 매장으로 구분된다. 그 길이만으로

10km에 이를 정도이고, 출입구도 헤아릴 수 없이 많다. 들어갈 때는 어둑한 동굴 속 같지만 회랑을 따라 걷다 보면 '안으로 빛나는 동굴' 같다. 우리네 재래시장과 비교해 보면 그랜드 바자르가 훨씬 우아한 느낌이다. 다양한 천정 구조가 눈을 사로잡기 때문이다.

이스탄불의 그랜드 바자르와는 분위기가 사뭇 다르지만 건축 형식은 서로 흡사하다. 이스탄불의 바자는 고급스럽게 보이는 반면, 이곳 테헤란의 바자르는 낡고 촌스럽게 보인다. 하지만 흥청대기는 이스탄불의 그것보다 한 수 위였다. 그랜드 바자르의 배치도를 보면 미로처럼 구불구불하다. 그 길을 따라 품목별로 상가들이 늘어서 있는 것을 알 수 있다. 하루에만도 2백만 명 정도가 북적이는 탓에 길을 잃는 사람들도 부지기수라고 한다. 엄마 손을 놓친 어린이는 말할 것도 없고, 우리 일행 중에도 쇼핑을 하다말고 길을 잃고 간신히 돌아온 사람도 있었다.

이리 기웃 저리 기웃하며 시장통을 누비다 보니 페르시아 상인 특유의 상술이 엿보이는 것도 같다. 가게를 찾아온 손님에게 친절하지만 굽실거리지는 않는다. 물건을 안 사고 나가도 언짢은 내색을 보이지 않는다. 모자 가게에서 가벼운 흥정 끝에 챙 넓은 모자 하나를 샀다.

한편 이곳 바자르는 단순히 시장 기능만 갖고 있는 것이 아니다. 모스크나 티하우스도 있고, 오래전 카라반들의 숙소인 카라반사라이까지 남아 있다. 또한 이곳 시장 상인들은 결정적인 시기에 정치적인 파워까지 행사한다. 일테면 지난 1979년 팔레비왕조를 무너뜨린 이슬람혁명에도 시장 상인들이 핵심적인 역할을 했다고 한다. 당시 망명 중이던 호메이니의 연설문이 카세트테이프에 담겨 암암리에 이곳 시장을 통해 확산된 것이다. 놀라운 것은 110년 전쯤 팔레비왕조가 처음 등장했을 때도 역시 이곳 바자르의 상인들이 지렛대 역할을 했다는 사실이다. 이런 사실들로 미루어보아 이란 이슬람공화국은 겉으로는 신정일치 체제처럼 보이지만 속을 들여다보면, 신정과 경제까지 한데 어우러진 신정경(神政經)일치 체제인 것만 같다.

한 시간 남짓 바자르를 돌고 나니, 신정국가 이란에 대해 갖고 있던 비딱한 생각들이 교정되는 것 같다. 테헤란의 그랜드 바자르가 이스탄불보다 촌스럽게 보였던 이유는 역사가 훨씬 더 길기 때문이 아니었을까? 그 뿌리를 끝까지 따라가면 아주 오래전 실크로드 시절에까지 닿아있는 모양이다.

타비아트 다리(Tabiat bridge), 테헤란의 새 랜드마크

'그저 건너가는 다리가 아니라, 쉬어가는 다리! 공원 같은 다리를 만들고 싶었어요. 시민들이 휴식도 하고, 산책하며 사색하기도 하고, 전망도 즐기는 그런 다리 말이에요'

이 말은 테헤란의 새로운 명물, 타비아트 다리를 설계한 Leila Araghian의 설계공모 선정 수상 소감이다. 설계는 2010년 현상공모 방식으로 결정되었고, 당선자는 놀랍게도 26세의 아가씨였다. 젊은 아가씨가 설계한 공원 같은 다리의 모습이 궁금해진다.

다리 양쪽은 녹음이 우거진 공원이었다. 다리 아래로는 고속도로가 지나간다. 양쪽 공원을 연결하기에 다리의 이름도 'Tabiat', 페르시아어로 '자연(nature)'이라는 뜻이다. 다리로 향하는 길에 이란의 청소년들을 만났다. 하나같이 장난꾸러기들이었다. 우리가 한국인이라는 말에 환호성이 터졌고 삽시간에 우르르 몰려들어 함께 사진을 찍자고 한다. 다만 우리 청소년들과 차이라면 남녀 구분이 엄격한 편이다. 가족들을 제외하고는 남녀가 한데 어울리는 경우를 전혀 볼 수가 없다.

타비아트 다리를 맨 처음 봤을 때, 런던 템스강의 인도교 밀레니엄브리지(1999)가 떠올랐다. 차량 통행이 전혀 없는 다리, 다리 위에는 한가로운 보행자들뿐이다. 그런데 막상 다리 위에 올라가 보니 이 다리의 기능은 밀레니엄브리지보다 훨씬 다양했다. 밀레니엄 다리가 한편의 콩트라면, 타비아트 다리는 흥미진진한 천일야화, 아라비안나이트라고 할까. 다리는 단층이 아니라 켜켜이 겹쳐진 중층이었다. 양쪽 교각 아래에는 널따란 데크 위에 레스토랑이 성업 중이었다.

다리의 총연장은 270m, 재료는 강철이며 교각(pier)은 3개이고, 3겹으로 된 3층 구조이다. 공사 기간은 2010년부터 2014년까지 만 4년이 걸렸다. 놀라운 점은 공사 기간 동안 다리 아래를 통과하는 고속도로를 단 한 번도 폐쇄한 적이 없다는 점이다. 다시 말해 고속도로 위를 달리는 차량들이 안전하게 통행할 수 있도록 임시터널을 만들고 준공 후에 철거한 것이다.

고속도로 교통을 차단하지 않고 다리를 건설하는 것이 어떻게 가능했을까? 그 비밀은 기발한 건축 기법에 있다. 다리는 고속도로를 횡단하는데, 그 도로 위에는 차량들이 24시간 꼬리를 물고 달린다. 만약 고속도로 위에 받침대를 세운다면 교통을 차단하지 않을 수가 없다. 하지만 그 고속도로 위를 무지개처럼 공중비계를 세워 두 가지를 다 만족시켰다. 다리 건설 과정에 공중비계를 설치한 뒤, 타워크레인 2대로 부재를 차례로 조립하는 방식을 사용하였다. 또한 고속도로 위에다 임시 터널을 만들어 혹시 모를 낙하물의 위험에도 효과적으로 대비했다.

문득 떠오르는 다리가 있다. 며칠 전 이스파한에서 보았던 멋진 2층 다리들, 카주(khaju) 다리와 시오세폴(sio se pol) 다리다. 이 타비아트 다리는 이스파한의 다리들이 현대식으로 부활한 모습 같다. 다시 말해, 다리가 강이나 계곡을 건너가는 1차적 기능뿐만 아니라, 다리의 위아래 공간이 조망과 휴식을 동시에 제공한다는 점이다.

상상의 나래는 중국으로까지 날아간다. 중국 윈난성에서 만났던 지붕 있는 다리, 즉 풍우교(風雨橋)도 떠올랐다. 풍우교는 다리 위에 긴 지붕이 있는 장랑(長廊)이 있어 비나 눈을 피할 수 있고, 달밤에 연인들끼리 밀회도 즐기는 지극히 낭만적인 다리이기 때문이다.

또한 경주(서라벌)의 반월성 아래 건설 중인 월정교(月亭橋, 2017년 준공 예정)도 풍우교와 흡사한 형식이다. 어쩌면 이곳 페르시아 버전의 중층 다리들이 중국을 거쳐 서라벌에까지 전파된 것은 아니었을까?

테헤란의 꿈

타비아트 다리를 보고 나니 이런 생각이 든다. 극동아시아 쪽의 도시들은 하나같이 초고층 경쟁이 한창인데, 이곳 테헤란은 수직이 아니라 수평에 몰두하는 느낌이다. 남들이 높이 경쟁에 휘둘리고 있을 때, 그들은 널따란 전망대를 만들어 모두가 어울리는 층층다리를 만들고 있었던 것이다. 일종의 문화적 자부심의 발로일까? 그렇다면 자부심의 뿌리는 저 멀리 페르시아 문명에 닿아있을 것 같다.

지난해 초, 이란의 국제무대 복귀로 인해 글로벌 비즈니스업체들의 테헤란 러시가 한창이다. 이에 따라 각종 외신들은 테헤란이 페르시아 제국의 영광을 재현하는 견인차가 될 것이라고 보도하고 있다.

그러나 그 부푼 꿈에 찬물을 끼얹는 주장도 있다. 이슬람혁명 전후에 억울하게 희생된 사람들의 인권 문제, 그리고 2000년대 초반 민주화 시위 과정의 정치적 갈등이 이란 내부에 휴화산처럼 억눌려 있다는 것이다. 짧은 기간이지만 이란을 여행하는 내내 이슬람혁명 과정과 그 후유증에 대해 몹시 궁금했다. 하지만 현지 가이드는 애써 즉답을 피했다. 간신히 들은 얘기로는 20년 전만 해도 대낮에도 으스스한 분위기가 만연했다는 것이다. 하지만 변화의 조짐은 곳곳에서 감지된다.

이란과 중국, 끈끈한 유대

이쯤에서 이란과 중국 관계에 대해 언급을 해야겠다. 사실 일주일 내내 이란 전역을 누비는 동안 중국인으로 오해를 많이 받았다. 현지인들은 처음 본 우리더러 첫마디가 '중국인이냐?'고 물었다. 다음으로 호텔 로비에서 마주친 관광객들 중에 동양인은 십중팔구 중국인들이었다. 그래도 그러려니 했는데, 결정적으로 테헤란의 지하철역에 들렀다가 발견했다. 테헤란의 지하철공사는 모조리 중국 건설 회사들이 독점했다는 사실을 말이다. 아시다시피 이란과 서방세계, 그리고 우리나라는 아주 오랫동안 담을 쌓고 지냈다. 반면 그 기간 동안 이란과 중국은 경제적인 분야에서 아주 끈끈한 유대를 속해왔다. 우선 다음의 신문 기사를 보자.

지난 27일(2016. 1. 27) 저장(浙江)성 이우(義烏)시를 출발한 실크
로드 고속철도는 이날 우루무치를 지나 테헤란으로 향했다. 이는 중
국에서 중동 지역으로 향하는 화물을 실은 첫 화물열차 운행으로
시진핑(習近平) 중국 국가주석의 일대일로 구상이 구체화하고 있음
을 보여준다.
국제열차 운영업체인 이우 톈멍(天盟)실업에 따르면 이 열차는 카자
흐스탄의 수도 알마티와 우즈베키스탄 타슈턴트와 사마르칸트, 투
르크메니스탄의 수도 아쉬가바트 등을 거쳐 이란의 수도인 테헤란에
도착한다.

현재는 화물수송 열차만 개통됐지만 앞으로는 승객수송 열차도 운
행할 예정이다. 화물 열차는 시속 120㎞, 여객 열차는 250~300㎞까
지 운행이 가능하다.

열차가 중국을 출발해 목적지인 테헤란에 도착하는 데는 총 14일이
걸린다.
                                        －출처: 뉴스시 2016. 01. 29 인용

이 기사에서 보듯 이란과 중국은 정치, 경제적인 면에서 끈끈한 교류
를 지속해 왔다. 과연 우리가 이란 －중국과의 사이를 비집고 들어갈 틈
이 있을까 하는 우려마저 들게 한다. 따라서 후발 주자인 우리는 사전에

이란과 중국과의 협력 관계를 충분히 고려해야 할 필요가 있을 것 같다.

    테헤란을 떠나면서 문득 이런 생각을 했다. 나 자신은 그동안 이란에 대해 단단한 편견을 갖고 있었다. 특히 '악의 축'이라는 별명을 아무런 의심 없이 받아들였던 것을 들 수 있는데 그것은 미국이 만든 편향된 프레임이라 할 수 있다. 이제부터라도 남이 만든 틀에 의문을 갖고 우리 스스로 새로운 인식을 만들어가야겠다는 다짐을 해보았다.

    문득 떠오르는 구절이 하나 있다.

    '만 사람이 나쁘다고 해도 필히 살펴보고, 만 사람이 좋다고 해도 필히 살펴보아야 한다(子曰 衆惡之 必察焉, 衆好之 必察焉-明心寶鑑 正己篇).'

    이번 여행을 통해 깨달은 사실은 이란 사람들은 여전히 한국인들에게 호의적이라는 점이다. 우리 역시 마찬가지다. 그 옛날 페르시아의 왕자가 신라로 망명하여 신라공주와 결혼하여 다시 페르시아로 권토중래한다는 쿠시나메의 이야기처럼 한국과 이란 간에 상생 협력의 장이 갈수록 확대되기를 소망해 본다.

모든 탐험의 끝은 출발했던 곳으로 돌아와 그곳이 어디였는지 처음 깨닫는 것이다.

-T.S. 엘리어트

실크로드는 동서양의 교류의 상징이다. 교류 상품 중에 가장 비싼 것이 비단이라 비단길이 되었을 것이다. 하지만 물품 이전에 사람이 오고 갔다. 그 사람들은 상인, 장인(匠人), 외교관, 군인, 포로, 도망자 등등, 이루 헤아릴 수조차 없이 다양한 사람들이었다. 교류의 관성은 지금도 여전히 진행 중이다. 시대별로 정치적 상황에 따라 전성기와 침체기가 반복되었을 뿐이다. 15세기 대항해시대와 함께 '바다의 실크로드(maritime silk road)'가 부상한 이후 20세기까지 활황세를 이어져 왔다. 이제 다시 대륙의 시대, 신 실크로드 시대의 도래를 전망한다.

얼마 전에 실크로드와 관련해 흥미진진한 영화 한 편을 보았다. 『요요마와 실크로드 앙상블(the MUSIC of STRANGERS/ Yo-Yo Ma & Silk Road Ensemble)』이라는 영화이다. 아시다시피 요요마는 중국계 미국인으로 세계적인 첼리스트이다. 그는 고대 실크로드를 통해 동서양 악기들과 음악이 교류되면서 상호 간에 깊은 영향을 주었을 것이라고 말한다. 그리하여 그는 이란, 터키, 스페인, 중앙아시아, 중국 등지의 전통 음악가들을 찾아내어 함께 연습하고 어렵사리 합동공연을 이어 간다. 이렇게 꾸려진 실크로드 앙상블은 그의 주도로 만든 동서양 전통 음악가들로 이루어진 오케스트라이다.

영화는 그들의 실제 활동을 다큐 형식으로 기록한 것이다. 배우는 따로 없고 연주자들이 모두 주인공이자 조연들이다. 처음에는 제각기 개성 넘친 연주자들이라 과연 서로 조화를 이룰 수 있을까 하는 우려가 많았다. 하지만 만남이 계속되고 공연이 계속될수록 매번 새로운 감동이 만들어졌다.

영화는 연주자들 각각의 전통악기에 얽힌 이야기와 개인의 음악 인생을 짜깁기하듯 하는 방식으로 전개되는데, 마지막에는 마치 현란한 모자이크 대작 그림이 완성되는 느낌이었다(다만 아쉬운 점은 우리나라 장구 연주자도 잠시 등장했지만 장구 대신 박수 치는 것만 나왔다는 점이다).

이 영화에서 개인 연주자들마다 하는 이야기가 있다. 제각기 자신의 전통음악이 어떻게 하면 세계 속에 자리매김하고, 또한 계속 발전할 수 있을까에 대한 고민이다. 멀리 실크로드 여행을 떠나 먼 길을 다녀왔지만, 결국 자신의 출발점에 서서 자신의 위상을 재발견하려 한다는 것을 느낄 수 있었다.

영화 속에서 이슬람혁명(1979) 이후, 이란의 정치적 현실도 잠시 엿볼 수 있다. 이란의 전통악기 카마체 연주자 카이란은 가족과 헤어져 미국, 터키 등에서 망명 생활 중이다. 어렵사리 이란 공연을 성사시켜 꿈에 부풀어 있었는데, 공연 직전 혁명정부로부터 취소 통보를 받는다. 하지만 그는 가족들의 안위를 생각하여 자신의 정치적인 입장에 대해 끝까지 말을 아끼는 모습이었다.

이 모습을 보니 이방인으로서는 아무리 이란 여행을 꼼꼼하게 하더라도 여행자로서 한계가 있을 것이라는 생각도 들었다. 극단적으로 말한다면, 그들이 보여주는 것만 보고 올 수도 있다는 말이다.

이란은 2,500년 페르시아 제국의 후예다. 인류역사에 가장 오랫동안 번영했던 페르시아 제국, 그 페르시아 제국이 인류문명에 기여한 바는 아무리 생각해도 과소평가되었다고 판단된다. 본문에서 살펴보았듯이, 실크로드 이전에 다리우스 대왕의 '로열로드(royal road)'인 왕도가 있었다. 중국 시안에서 로마까지 이르는 장장 1만 km에 이르는 실크로드도 이란 고원을 통과할 때는 다리우스 대왕의 왕도를 지나갔다. 어디 왕도뿐이겠는가? 페르시아제국의 건축기술들이 중세 유럽의 고딕 건축의 원조라는 사실도 인정해야 한다.

새삼스레 실크로드를 다시 생각해 본다. 교통수단의 빠르기로 치자면 비행기가 단연 최고다. 수송 효율로 보면 화물선이 최고다. 하지만 비행기와 선박은 점과 점을 이어줄 뿐, 그 과정은 건너뛰고 건너갈 뿐이다. 역시 절대다수의 사람들을 이어주고, 소통하게 하는 수단은 육상의 도로이고, 철도이다. 그 옛날 다리우스 대왕의 왕도가 그랬고, 또한 실크로드가 그랬듯이 말이다.

하지만 길은 갈수록 진화한다. 14세기 이후, 대항해시대와 함께 막이 올랐던 바다의 실크로드 시대가 있었다. 하지만 길에도 흥망성쇠가 있다. 꽃이 피고 나면 반드시 진다. 열매가 맺고 땅에 떨어져 다시 발아할 때를 기다리는 시간이 필요한 것이다. 바다의 시대가 저물고 다시 대륙의 시대가 도래하는 중이다.

과연 다시 대륙의 신 실크로드를 열 수 있을까? 이에 대해 긍정적인 전망을 뒷받침하는 것으로 중국 정부의 '일대일로(一帶一路) 정책'을 들 수 있다. '일대일로'는 중국정부가 주도하고 있지만, 결코 중국만의 내용으로 볼 수 없다. 또한 아시아 대륙과 유럽 대륙을 잇는 고속도로와 고속철도가 주요 수단이다. 중국의 고속철도망, 고속도로망이 베이스캠프라면 유라시아 대륙은 정복해야 할 산봉우리이다. 유럽과 아시아 대륙의 연결통로가 곧 이란고원이기도 하다. 하지만 대륙의 길과 중간중간 바닷길과도 연결되고 있다. 사람도 상품도 고속도로 달려가는 길, 그 길은 천연의 길이 아니고 인공의 도로, 인공의 철도, 초대형 컨테이너선 항로이기도 하다.

페르시아 문명의 종주국 이란을 여행하고 그곳에서 위대한 페르시아 문명의 흔적들을 돌아봤다. 이번 여행길에 동행한 분들에게 많은 은혜를 입었다. 홀로 떠나는 여행도 좋지만 여럿이 함께 가는 여행도 좋다. 수도승처럼 구도여행이 아니라면 관심이 비슷한 이들끼리 함께 가면 의외의 소득도 많다. 똑같은 대상에 대해 다양한 관점들을 즉석에서 교환한다는 장점이야말로 '집단지성'이라 할 수 있다.

이 여행을 기획하신 남북물류포럼(회장 김영윤)에 심심한 감사를 드린다. 또한 열흘 동안 도반이 되어준 분들, 특히 아주 근사한 사진을 찍어 주신 분들(옥치남 박사님, 서정우 님)께도 감사한 마음을 금할 수 없다. 또한 거친 문체에 대해 꼼꼼히 지적을 해준 아내와 두 딸 강아와 현아에게도 고마움을 전한다.

'글은 필자가 쓰지만 책은 편집자가 만든다!' 끝으로 근사한 편집으로 얇지만 묵직한 책으로 엮어주신 지식공감 김재홍 대표님, 교정교열 담당 김진섭 님, 디자인 담당 이슬기 님에게도 감사 인사를 전합니다.

글을 마무리하는 자리에서 새삼 깨닫는다. 먼 길을 돌고 돌아 다시 제자리로 왔다. 다시 나 자신의 위치, 내 뿌리를 재발견하는 느낌이다.

앞으로 글로벌 비즈니스에서 이슬람권의 새로운 기대주, 이란은 분명 블루칩이다. 이란의 문을 열기 위해서는 이란 사람들에게 다가가야 한다. 그러기 위해서는 그들이 애송하는 시(詩) 만한 것도 없다. 루미의 시 한 편으로 페르시안 실크로드 여행기를 마무리한다.

인간이란 존재는 여인숙과 같다
매일 아침 새로운 손님이 도착한다

기쁨 절망 슬픔
그리고 약간의 순간적인 깨달음 등이
예기치 않은 방문객처럼 찾아온다

그 모두를 환영하고 맞아들이라
설령 그들이 슬픔의 군중이거나
그대의 집을 난폭하게 쓸어가 버리고
가구들을 몽땅 내가더라도

그렇다 해도 각각의 손님들을 존중하라
그들은 어떤 새로운 기쁨을 주기 위해
그대를 청소하는 것인지도 모르니까

어두운 생각 부끄러움 후회
그들을 문에서 웃으며 맞으라

그리고 그들을 집안으로 초대하라
누가 들어오든 감사하게 여기라

모든 손님은 저 멀리에서 보낸
안내자들이니까

                              - 잘랄루딘 루미의 「여인숙」 전문

더 읽어볼 책, 이란 입문서들

낯선 곳을 방문하기 전에는 사전 정보가 필요하다. 정보란 너무 없어도 탈이지만 너무 많아도 탈이다. 이 경우에도 과유불급(過猶不及)이라는 말이 딱 맞다. 정보가 너무 많을 경우, 설레는 마음이 이내 식을 수 있다. 처음 온 길도 언젠가 왔던 길처럼 느껴질 수 있다.

너무 많지도 적지도 않은 사전 정보원으로 책만한 것이 없다. 하지만 이란 관련 책들은 손가락으로 꼽을 정도로 희소하다. 오죽하면 『론리플래닛 이란』보다 별로 나은 책이 별로 없는 것 같다. 이란 여행 이후, 지난 1년여 동안 또 다른 이란 여행을 했다. 다름 아닌 이란 관련 책들을 붙들고 지내며, 페르시아문명에 관해 전방위 독서를 했고, 그 과정에 내 그물에 걸려든 월척들을 여행기 속에 간간이 끼워 넣었다. 그 책들 중에서 몇 권을 소개한다.

『오! 이런 이란!』 최승아 지음, 휴머니스트, 2014

정말 재미있는 책이다. 이란과 이란사람들에 관한 책을 단 한 권만 추천하라면 단연 이 책이다. 이란의 속살을 보여주는 톡톡 튀는 감성의 책이다. 부제는 '테헤란 기숙사에서 카펫 위 수다에서 페르시아 문명까지'이다. 이란 젊은이들의 성적(性的) 취향에서부터 이란의 뿌리, 페르시아문명에 이르기까지 이란 입문서로 균형 감각이 돋보인다. 저자가 2년여 동안 생활한 내용이다. 대학에서 이란어를 전공한 뒤, 이란 주재 한국 회사에 취업한 경험, 이어서 이란 전역을 여행하며 좌충우돌 같은 체험담을 담고 있다. 다만 아쉬운 점은 시종일관 젊은 이방인 여성의 관점이라, 페르시아 문명에 대한 실체적 깊이를 보여주지는 못한다는 점이다.

『페르세폴리스 1, 2』 마르잔 사트라피, 김대중 옮김, 새만화책, 2005

만화는 애들이나 보는 것으로 알면 큰코다친다. 이 만화책만 해도 그렇다. 이 만화책은 프랑스로 이주한 이란 아가씨가 직접 그린 자전적 이야기이다. 책은 물론이고 동명의 영화로도 만들어져 세계적으로 주목받은 바 있다. 물론 우리나라에서도 인기를 누렸다. 차도르 속에 감춰진 이란 아가씨들의 은밀한 이야기가 흥미진진하게 펼쳐진다. 이 만화책 한 권으로 역지사지(易地思之)! 입장 바꿔 생각하기의 실습을 할 수 있다.

저자인 마르잔 사트라피(Marjane Satrapi)는 1969년 이란의 라쉬트에서 태어나 테헤란에서 자랐다. 가정환경이 유복해 일찍이 14살에 오스트리아 빈으로 가서 청소년기를 보내고, 이후 다시 이란으로 돌아와 그래픽 디자인을 공부한다. 이슬람혁명 발발 당시 혼자서 프랑스로 파리로 가는데, 그곳에서 문화적 충격을 겪으며 자신의 정체성을 찾아간다. 이슬람혁명 전후, 정치적 소용돌이에 휩쓸리는 한 가정의 이야기를 현란한 모자이크처럼 그린다.

『페르시아의 신부』 도리트 라비니안, 서남희 옮김, 들녘, 2010

어떤 이는 이 책을 '현대판 아라비안나이트'라고 했다. 신화와 미신과 대대로 전해오는 풍속이 한데 어우러진다. 마치 페르시아 도깨비에 홀린 것 같다. 처녀들의 구혼담은 물론이고, 페르시아 어른들의 성풍속도 가감 없이 묘사한다. 어디까지가 현실이고 어디까지가 상상인지 헷갈린다. 25세 처녀가 썼다는 것이 도무지 믿기지 않을 정도이다.

소설의 무대는 20세기 초, 페르시아의 작은 마을 옴리쟌이다. 부모를 잃고 큰아버지 집에 얹혀사는 소녀 나지아와 사촌 플로라가 주인공으로, 이들의 결혼을 앞두고 벌이는 에피소드들이 질펀하게 펼쳐진다. 일화 중에 종교와 관련 놀라운 이야기도 접할 수 있다. 일테면, 떠돌이 거지들은 자선을 구하며 한번은 무슬림이 되었다가 유대교인이 되었다가 기독교인이 되기도 한다. 이제까지 이란인들의 이슬람 신앙이 차돌 같이 단단한 줄만 알았는데 뜻밖에도 카멜레온처럼 유연하다는 것을 알 수있다. 또한 떠돌이 비단장수가 옆구리가 허전한 과부들을 홀리는 이야기는 배

꼽을 잡는 재미를 준다. 우리나라의 도깨비 이야기가 절로 떠오르기도 한다.

이슬람 민속을 훔쳐보는 것 같은 기분이 들어 읽는 내내 흥미로웠는데, 그중에 특히 인상적인 부분 중 하나는 산파가 갓난아기를 받아내고 할례를 준비하는 장면이었다. 맛보기 삼아 그 부분을 옮겨본다.

……홀로 남겨진 젊은 임산부는 공포에 질려 더욱 비명을 질러가며 애를 빨리 낳으려 힘을 주었다. 머리통이 보이기 시작하면 줄레이하(동네 산파 할미)는 다시 나타나서 아기를 꺼냈다.

갓난 것이 매끈한 머리는 나왔어도 몸은 아직도 골반 근육에 잡혀 있는 그 순간, 산파는 기다렸다가 아기 다리 사이를 보는 일 없이 바로 성별을 선언한다. 아기가 얼굴을 위로 하고 눈을 뜨고 두리번거리면 아들이었다. 조막한 한 고푸를 단 몸이 어미 허벅지 사이에 나오기도 전에 산파는 할례 의식을 준비하라고 선언했다.

"시장에 가서." 그녀는 크고 어색한 목소리로 기쁨의 노래를 불렀다. "소를 잡고, 내장을 바르고, 피에는 소금을 뿌리자. 랄랄랄, 호이, 호이, 호이. 아들이 태어났도다. 쌀과 잣으로 내장을 채워 실과 바늘로 꿰매자. 랄랄랄, 호이, 호이, 호이, 아들이 태어났도다……."

−위의 책, 159쪽

『사라진 페르시아 대국의 꿈』 정문길 지음, 한솜미디어, 2012

저자는 태권도 사범으로 이란 왕실 경호원으로 파견되었던 인물이다. 왕실의 신임을 받아 아시안게임 이란 태권도 감독으로 서울올림픽에 출전하기도 했다. 태권도사범으로 국위선양은 물론 개인적으로도 승승장구했는데 갑작스런 이란 혁명에 휩쓸리며 온갖 고초를 당한 이야기를 고백하고 있다.

이 책의 부제는 '이란 왕 Shah의 몰락을 지켜보았던 어느 경호원의 자전적 에세이'이다. 마치 가슴 졸이는 다큐멘터리처럼 이란 혁명의 과정을 보여주고 있다. 이 책을 보고 난 다음 테헤란에 있는 팔레비왕조의 궁전을 답사한다면 더욱 입체적인 이해가 가능할 것이다. 또한 이란 비즈니스를 준비하고 있는 사람이라면 이 책의 저자에게 자문을 구하는 것도 아주 바람직할 것 같다는 생각이다.

『무함마드 평전』 하메드 압드엘-사마드 지음, 배명자 옮김,
한스미디어, 2016

'이슬람 세계는 무비판적 무함마드 숭배로 병들었다!' 책의 겉표지에 적힌 문구가 자못 도발적이다. 이 말에 혹한 나머지 이 책을 읽게 되었다. 읽고보니 실제로 시종일관 이슬람의 성역에 정면도전하는 으스스한 책이다. 그야말로 1400년 금기를 정면으로 비판하고 있다. 부제는 '선지자에서 인간으로'이다. 선지자 무함마드의 일생과 그가 남긴 쿠란에 대

해 꼬치꼬치 메스를 들어댄다. 이 책을 읽은 뒤 깨달았다. 이제껏 국내에 소개된 이슬람 개론서들은 하나같이 변죽만 울린 책들이라는 사실! 표현이 너무 과한 것 아니냐고 타박할 사람도 있을 테지만, 이 책을 읽고 나면 당신도 내 말에 공감할 것이다.

책 내용 중에서 엄청난 내용들이 많다. 하지만 결코 선동적이지 않고 논리와 검증에 소홀하지 않은 책이다. 큰 울림을 느껴 밑줄 치며 읽었던 문단들 중에서 한 곳을 인용해 본다.

'무함마드는 자신이 태어났고 잘 아는 아랍 세계에서 막강한 권력과 영향력을 가졌다. 하지만 믿거나 말거나인 이야기를 통해서만 그를 아는 세계, 그가 전혀 몰랐던 세계에서도 왜 그가 똑같은 권력과 영향력을 가져야 하는가? 21세기에 누가 누구를 사랑하고 결혼하고 무엇을 하고 먹고 입어야 하는지를 왜 그가 결정해야 하는가? 무함마드는 자신의 개인사에 갇혀 살았다. 수많은 그의 말과 행위는 개인적인 두려움, 강점, 약점의 결과였다. 왜 사람들은 오늘날에도 여전히 이런 개인사 감옥에 스스로 들어가 그렇게 해야 구원을 받는다고 믿을까?

-위의 책, 212쪽

페르시아 주요연대기

- (728 BC~550 BC) 메디아(Medes)
- (550 BC~330 BC) 아케메네스 왕조(Achaemenid Empire)
- (330 BC~250 BC) 알렉산더 대왕의 점령 시대
- (250 BC~AD 226) 파르티아(Parthian Empire)

- (226 AD~651) 사산 왕조(Sassanid Persian Empire)
- (650~1037) 이슬람 제국
- (1037~1219) 셀주크 제국(Seleucid Empire)
- (1219~1500) 몽골 제국 점령 시대
- (1500~1722) 사파비 왕조(Safavid dynasty)
- (1722~1729) 호타키 길자이 왕조(Hotaki Ghilzai dynasty)
- (1736~1796) 아프샤르 왕조(Afsharids)

- (1750~1794) 잔드 왕조(Zand dynasty)
- (1781~1925) 카자르 왕조(Qajar dynasty)
- (1925~1979) 팔레비 왕조(Pahlavi dynasty)
- (1979~2017 현재) 이란이슬람공화국

세상의 절반이라고 불렸던 이스파한, 그 중심에 이맘 광장이 있다. 이 광장의 주인공은 단연 샤 모스크! 17세기 절대권력 사파비왕조의 상징, 광장 안에서 본 샤 모스크가 제왕의 카리스마였다면 광장 밖에서 본 그것은 자애로운 모성이다. 마치 어미닭이 병아리를 품은 듯이 부속 건물들과 하모니를 이루고 있다. (본문 82p)

이맘 모스크(Imam Mosque) | 박하 그림(앱 line brush)